KB167190

소프트웨어가
세상을 지배한다

차례
Contents

03소프트웨어란 무엇인가? 33소프트웨어의 어제와 오늘, 그리고 내일 63왜 소프트웨어인가? 84꿈을 향한 '4D(For a dream)'의 소프트웨어

소프트웨어란 무엇인가?

2009년 9월 11일, 고든 브라운(Gordon Brown) 전 영국 총리가 한 과학자에게 사과의 편지를 썼다. 영국 정부를 대신해 앨런 튜링(Alan Turing)에게 미안함을 전한 것이다. 튜링이 죽은 지 55년만의 일이다. 튜링에 대한 사과는 그의 업적을 기리기 위함이었다. 또 동성애자인 그가 감당해야 했던 가혹한 형벌을 사과하기 위해서였다. 브라운 총리는 "튜링이 인류에 공헌한 바는 인정받아 마땅하다"고 언급했다.

브라운 총리는 튜링의 암호 해독 업적이 제2차 세계대전을 끝내는 데 큰 역할을 했다고 강조했다. 제2차 세계대전 당시 독일군은 22자리 수에 달하는 이니그마(Enigma) 암호기로 통신을 했다. 이에 대응하기 위해 영국은 블레츨리 파크(Bletchley

Park)에 이니그마 전문 암호 해독가 집단을 만든다. 인공지능의 선구자이자 현대 컴퓨터의 아버지 앨런 튜링도 거기 있었다. 튜링은 이곳에서 진공관을 이용해 '콜로서스(Colossus)'라는 암호 해독기를 만들자고 제안했다. 그리고 튜링의 업적에 의해 전쟁은 2년이나 일찍 끝났을 수 있었다고 평가된다.

한 나라의 수상이 역사적 판결에 대해 정부를 대신해 사과한 건 이례적인 사건이었다. BBC에 따르면 이는 다우닝가(Downing street) 웹사이트에서 벌어진 청원이 결정적 역할을 해 이루어진 일이었다. 다우닝가는 영국 수상의 거처이자 집무실로써 영국 정부의 대명사로 상징된다. 컴퓨터 과학자 존 그레이엄-커밍(John Graham-Cumming)은 이곳 웹사이트(http://epetitions.direct.gov.uk/)에 정부의 사과를 요청하는 청원을 올렸고 많은 사람들이 서명에 동참했다. 지금도 튜링과 관련한 여러 e-청원이 올라와 있다. 존 그레이엄-커밍은 튜링에게 사후 작위를 줘야 한다고 영국 여왕에게 편지를 쓰기도 했다.

1952년 튜링에게 성문란 혐의에 인한 유죄 선고가 내려진다. 당시 동성애는 중죄였다. 튜링은 제2차 세계대전이 끝나고 7년 후에야 동성애자임이 밝혀졌다. 그는 감옥행이나 화학적 거세 둘 중 하나를 선택해야 했다. 결국 튜링은 여성호르몬 주사를 맞았다. 영국 정부에 의해 화학적 거세를 당한 것이다. 튜링은 화학적 거세를 당하는 동안 집에서만 지내면서 우울증에 빠졌다. 그리고 2년 후, 비운의 천재 수학자 튜링은 독이 든 사과를 먹는다. 1954년 6월 7일 컴퓨터 과학의 아버지가 세상을

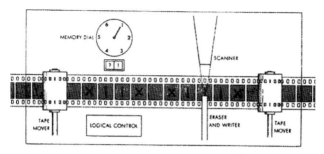
앨런 튜링이 고안한 '튜링 기계'

떠난 것이다. 브라운 총리는 "튜링에게 가해진 비인도적인 처벌은 영국 역사상 가장 잘 알려진 동성애혐오증 중 하나"라며 "이에 대해 반성함으로써 오래 전에 이루었어야 할 성적 평등을 향해 한 걸음 더 나아갈 수 있다"고 밝혔다.

소프트웨어에 대한 얘기를 하면서 튜링을 빼놓을 수 없다. 튜링은 소프트웨어의 기본 개념에 착안해 컴퓨터의 시초라고 불리는 '튜링 기계'를 만들었다. 튜링 기계는 알고리즘으로 나타내는 것만 가능하다면 그 모든 것을 계산할 수 있도록 고안한 가상 기계장치다. 맨체스터대 버나드 리처즈(Bernard Richards) 교수는 "튜링은 컴퓨터 설계의 아이디어를 제공했고 '생각하는 기계'라는 개념을 만들었다"고 말했다. 튜링은 논리학과 계산, 산술과 추론의 관계에 대해 깊은 관심을 가졌다. 그는 이를 통해 컴퓨터 역시 지능을 가질 수 있다고 믿었다. 조금 더 거슬러 올라가면 이러한 생각은 라이프니츠(Leibniz)와 아리스토텔레스(Aristoteles)에게까지 이른다. 라이프니츠는 적절한 추론 규칙을 통해 인간의 모든 생각을 표현할 수 있다고 생각했고, 그런 기계를 고안하고자 했다.

『수학자, 컴퓨터를 만들다(The Universal Computer)』의 저자 마틴 데이비스(Martin Davis)에 따르면 논리적 추론을 형식 규칙으로 바꾸려는 노력은 아리스토텔레스로부터 시작해 라이프니츠가 '보편 계산 언어'라는 꿈을 꾸게 만든다. 그 후 튜링이 모든 계산을 가능하게 하는 보편 만능 기계를 고안해냈다. 서울대 컴퓨터공학과 이광근 교수는 "현대 컴퓨터는 튜링이 정의한 기계적인 방식으로 동작할 수 있는 모든 프로그램을 실행시킬 수 있는 보편 만능의 기계"라고 밝혔다. 예를 들어 기계 속 테이프는 메모리칩, 테이프에 읽고 쓰는 장치는 메모리칩과 입출력 장치, 작동 규칙표는 중앙처리장치(CPU)로 구현됐다는 것이다. 실행시킬 계산은 소프트웨어 개념을 지닌 작동 규칙표를 만들어 메모리에 넣기만 하면 된다.

실제로 튜링은 암호 해독기 '콜로서스'를 만드는 데 일조했다. 콜로서스는 에니악(ENIAC) 이전에 나온 연산 컴퓨터로 소위 최초의 컴퓨터 기능을 갖고 있었다. 콜로서스는 한동안 외부공개가 되지 않고 역사 속에 묻혀 있다가 한참 후에야 알려졌는데, 지금은 블레츨리 파크에 전시돼 있다. 또 튜링은 전자 기계식 계산기인 '봄베(bombe)'를 개선하기도 했다.

계산 가능성에 대해 많은 실험을 한 튜링. 그는 인공지능 연구 분야의 선구자로도 유명하다. 현대 컴퓨터의 기본 원리라고 불리는 내장 방식의 '폰 노이만(Von Neumann) 컴퓨터'는 사실 앨런 튜링식 컴퓨터다. 우리가 매일 사용하고 있는 스마트한 기계 역시 튜링의 아이디어에 빚을 지고 있는 셈이다. 컴퓨터 과학 분야의 노벨상을 '튜링상'이라 부르는 이유가 여기에 있다. 튜링은 미국 시사주간지 「타임」이 선정한 '20세기 가장 위대한 인물 100인' 중 한 명에도 속하기도 한다.

아이폰(iphone) 혁명을 이뤄낸 애플(Apple)사. 많은 사람이 알고 있는 것처럼 이 회사의 로고는 한 입 베어 문 사과를 형상화한 것이다. 사실 사람들은 애플사의 로고가 튜링의 업적에 대한 헌정이 아닐까 생각했다. 극적으로 죽음을 택한 튜링을 기념하기 위해 만든 것이 아니냐는 것이었다. 하지만 이는 풍문으로 밝혀졌다. 영국의 한 퀴즈쇼 진행자가 스티브 잡스(Steve Jobs)와 직접 인터뷰를 했는데 사실이 아니었다고 한다. 오히려 잡스는 "그랬으면 좋았을 걸"이라고 말했다고 한다.

2012년은 튜링이 태어난 지 100년째 되는 해다. 스마트한 삶에 대한 작은 아이디어가 움트기 시작한 지 100년이나 된 것이다. 그래서 과학 잡지 「네이처」는 2012년을 '지능의 해'로 부를 것을 제안했다. 하지만 튜링은 여전히 비운의 수학자로 남아 있다. 총리의 사과는 받았지만 '사면'에 대한 청원은 여전히 현재 진행형이다.

불·물·공기·흙 … 그리고 소프트웨어

소프트웨어(software, SW)란 무엇일까? 일반적으로 알고 있는 컴퓨터 프로그램만이 소프트웨어는 아니다. 요즘 문화콘텐츠에 대한 접근을 이야기하면서 소프트웨어에 대한 언급이 자주 등장하는 걸 볼 수 있다. 지역경제를 살리기 위해서는 하드웨어보다 '소프트웨어적'인 접근을 시도해야 한다는 것이다. 또 소프트웨어를 말할 때 '패키지SW', '임베디드(embedded)SW', 'IT서비스' 등 산업계에서 쓰는 전문용어가 따로 있다. 멀리 갈 것도 없이 우리 일상을 보자. 이제 스마트폰은 우리의 생활양식까지 바꿔놓고 있다. 그 안에서 활용하고 있는 무수한 어플리케이션(application)과 OS(operation system)에 이르기까지 소프트웨어가 범람하고 있는 세상인 것이다.

언젠가 매우 흥미로운 이야기를 하나 들었다. 한 대학생이 교수에게 분자량을 구하는 방식에 대해 질문을 하러 갔다고 한다. 그런데 그 교수는 분자식을 구하는 어플리케이션을 통해 직접 계산하면서 상세히 설명을 해주었다. 이론과 실습을 동시에 수행한 것이다. 물리와 화학에서 늘 어려움을 겪은 필자의 학창시절을 생각하니 내심 부러웠다. 사실 그전에도 공학계산기 등의 도구가 있긴 했다. 하지만 내 손안의 작은 기기를 통해 공부한다면 훨씬 더 이해가 잘 되지 않을까?

2011년엔 박찬욱·박찬경 감독은 스마트폰으로 찍은 영화 〈파란만장〉으로 베를린 단편 부문 금곰상을 수상했다. 아이폰으로 찍은 이 영화는 러닝타임이 33분에 이른다. 최근에는 기업의 후원으로 스마트폰 영화제까지 열리고 있다. 스마트폰 하나로 누구나 영화감독이 될 수 있는 세상인 것이다. 또 최근엔

회의석상에서 스마트폰으로 관련 자료를 보거나 기록하고 녹음을 하기도 한다. 기사 검색 정도는 필수다. 또 스마트폰을 이용해 관련 자료를 스캔하고, 그 자리에서 이메일로 전송하기도 한다. 스마트폰만 있으면 지하철을 타고 가면서 할 수 있는 일이 무궁무진하다. 수많은 사람들이 작은 기기 속에 들어가 있는 모습을 보라. 책이나 신문을 읽던 모습은 가고, 이제는 스마트폰을 통해 삶을 영위하는 모습이 지배적이다.

한 번은 법인 글로벌 회사에 근무하는 직원을 만난 적이 있는데, 그 회사는 재택근무가 가능해 매우 좋았다고 한다. 그런데 재택근무 중 회사로부터 메시지가 전달된 후 일정 시간 응답이 없으면 직무태만으로 벌점이 주어진다고 했다. 사실 IT업계에서는 재택근무가 널리 퍼지고 있는 분위기다. 미국 샌프란시스코에 위치한 블로그 관리 회사 오토매틱(Automattic)에는 상주하는 인력이 적다. 이 외에도 깃허브(GitHub), 37시그널스(37signals), MCF 테크놀로지 솔루션스 등도 재택근무가 가능한 회사들이다. 재택근무가 가능한 이유는 IT기술을 활용한 상시 모니터링 체계가 구축돼 있기 때문이다. 오토매틱사의 경우, 'P2'라는 알리미 소프트웨어로 근무현황을 파악한다고 한다.

소프트웨어가 목숨을 구한다?

과학 잡지 「과학동아」에 따르면, 2012년 8월 3일 유럽에서 '자동차 규제 법안'이 통과됐다. 새로 만들어지는 차량에 대해 자율응급제동시스템(Automatic Emergency Braking) 장착을 의무화한다는 것이다. 이는 레이더와 레이저, 비디오를 이용해 자동차 스스로 교통사고 가능성을 감지하는 것인데, 위험이 발생할 경우 소프트웨어로 브레이크를 준비하고 조작한다. 그런데 이 소프트웨어를 통해 교통사고가 27%나 줄어들었다고 한다. 유럽 전체에서 사망자 8,000여 명을 줄일 수 있다는 얘기다. 그래서 '소프트웨어가 목숨을 구할 수 있다'는 말이 나온다.

2012년 8월 6일, 화성에 탐사로봇 '큐리오시티(Curiosity)'가 착륙했다. NASA가 쏘아올린 이 로봇은 화성 표면을 돌아다니며 생명체와 물의 흔적을 찾고 있다. NASA는 큐리오시티에 우주탐사선 프로젝트 사상 최고 액수인 25억 달러를 투자했다. 우주로봇이 제대로 역할을 수행하기 위해서는 장애물을 피하면서 목표물을 향해 가는 자율주행이 가능해야 한다. 큐리오시티는 자율주행 소프트웨어 덕분에 50m 떨어진 곳까지 미리 경로를 계획한 후 장애물을 피해 이동할 수 있다. 영화 〈프로메테우스(리들리 스콧 감독, 2012)〉를 보면 동굴 탐지 후 공간 정보를 홀로그램화해 송신하는 기기가 등장하는데, 바로 이 원리와 연관된다. 천문학적 비용이 들어간 화성탐사 프로젝트를 제대로 컨트롤하기 위해서는 제품수명주기관리(Product Lifecycle Management, PLM)라는 소프트웨어도 필요하다. 이 소프트웨어를 통해 모든 과정을 시뮬레이션해 볼 수 있다. 한 소프트웨어 업체 관계자의 말에 따르면 NASA는 이 화성탐사 프로젝트의 모든 개발 과정에 이 소프트웨어를 활용했다고 한다. 제품의 설계부터 제조까지 그야말로 생산의 혁신이 가능해진 것이다.

이 모든 혁신의 중심에 소프트웨어가 자리 잡고 있다. 세계를 형성하는 네 가지 요소인 불·물·공기·흙에 더해 소프트웨어가 등장했다. 아니, 이제 소프트웨어가 세상을 지배하고 있는 것이다. '지배한다'는 말은 '우세하다'는 의미와 '종속될 수 있다'는 우려의 의미를 함께 포함한다. 헤겔의 역사철학이 함의하듯 역사라는 것이 세계 이성의 자기 전개일까? 그렇다면 이성적인 것은 현실적이요, 현실적인 것은 이성적이다. 소프트웨어의 지배 속에 인간의 관념 역시 변할 수 있는 것이다.

우리 삶은 점점 미시적으로 세분화하고 있다. 우리의 취향과 기호, 선택 등 모든 분야에서 빅뱅의 시대가 열린 것이다. 『마이크로트렌드(Microtrends)』를 쓴 마크 펜(Mark Penn)과 킨니 잘레스니(E. Kinney Zalesne)는 "개인 선택의 힘이 갈수록 정치와 종교, 연예·오락, 심지어 전쟁에까지 영향을 미치고 있다"면서 "오늘날의 집단사회에서는 특정 사안과 관련해 주류의 선택과 대립되는 선택에 헌신하는 사람들이 단 1%만 있어도 세상에 변화를 일으키는 운동을 창출할 수 있다"고 강조했다. 끊임없이 SNS(Social Networking Service)를 활용하고, 수많은 데이터를 양산해내는 현대인의 삶. 이러한 일을 가능하게 만든 것은 바로 소프트웨어의 힘이다. 이 책의 저자들은 "아이팟이 인기 있는 이유는 듣고 싶은 노래를 직접 고르고 선택할 수 있게 해주는 데서 기인한다"고 적었다. 이러한 측면에서 소프트웨어가 일종의 '새로운 세계관의 탄생'이라는 이야기가 있다. 수많은 어플리케이션과 인터페이스가 세계를 바라보는 인간의 관념을 바꿔놓았다는 뜻이다. 한 소프트웨어 전문가는 「소프트웨어 문화 및 인식제고 방안 연구(NIPA, 2011)」라는 보고서에서 다음과 같이 언급한 바 있다.

소프트웨어는 일종의 언어입니다. 따라서 문화·인문학적 소양과 처음부터 근원이 같다고 봅니다. GUI(Graphical User Interface: 그래픽 사용자 인터페이스)나 마우스는 기계적 현상이기도 하지만 상징적 상호작용, 심볼(symbol) 등의 측면에서 보면 기계를 우리 신체의 익스텐션(extension)이나 강화로 보는 것이 아니라 기계를 하나의 풍경 또는 배경으로 보고, 그 안에 인간을 하나의 여행자로 규정해 기계로 만든 비트맵(bitmap) 세상에 도트(dot)로 표상된 인간 사용자들이 여행하는 새로운 세계관의 탄생입니다.

그는 이러한 탄생 이후 "우리는 웹의 사용을 '서핑(surfing)'이라는 말로 자연스럽게 이야기하고, '탐험한다(explore)'는 말이 윈도우를 규정짓는 메타포(metaphor)가 되었다"면서 "소프트웨어 인력들의 인문학적 상상력이 풍부해야 이 새로운 세계에서 무언가 의미 있고 창의적인 일을 할 수 있다"고 말했다. 소프트웨어는 단순히 기술사적 혁명일 뿐만 아니라 세계관의 변화라는 것이다. 변화는 사용자, 즉 인간의 실행에 따라 긍정적일 수도 있고 부정적일 수도 있다.

빅데이터의 시대 & 빅브라더의 시대

영화 〈다크나이트 라이즈(크리스토퍼 놀란 감독, 2012)〉에서 영화를 이끌어가는 두 가지 주요 소재는 모두 소프트웨어다. 셀리나 카일(앤 해서웨이 분)은 자신의 과거를 지우기 위해 '클린 슬레이트 프로그램(a clean slate software program)'에 집착하는데, 영화 후반부에서 셀리나 카일은 이 프로그램을 주겠다는 배트맨(크리스찬 베일 분)의 제안을 받아들인다. 그리고 배트맨은 USB메모리처럼 생긴 장치를 통해 프로그램을 건네준다. 다른 하나는 마지막 장면에 등장하는 '자동비행장치(the auto-pilot patch)'다. 영화에서 배트맨은 마지막 대서사시가 펼쳐지기 6개월 전, 자신의 전용기(專用機)인 '더 배트(The Bat)'에 이 소프트웨어를 설치했다.

과거의 범죄 이력을 삭제하는 프로그램인 '클린 슬레이트'는 현실적으로 불가능해 보인다. 민간인 사찰 사건이 있었을 때, 증거 인멸을 위해 자료 삭제 프로그램으로 관련 파일을 삭제했으나 나중에 복구가 가능했다. 또 범죄 이력의 경우 현대사회의 '주홍글씨'처럼 한번 기입되면 되돌리기가 힘들다. 가장 큰 문제는 개인정보가 유출되는 경우다. 이런 경우 일일이 포털사이트에 요청해 복사·이동된 글을 하나씩 지워야 한다. 하지만 포털사이트가 한두 개도 아니고, 여러 블로그를 통해 확산된 경우 사실 돌이키긴 힘들다. 연예인 관련 X-파일이나 음란 동영상, 최신영화 파일 등이 퍼지는 속도를 보라.

그뿐만이 아니다. 신용카드로 물건을 구입하는 순간 자신의 이력이 저장되고 마케팅 분석을 위한 정보로 활용되기도 한다. 거리를 활보하는 동안에도 CCTV는 우리의 모습을 감시하는 상황이다. 걸어가면서 송수신되는 SNS는 수많은 데이터를 양산하고 재생산된다. 이와 관련해 영화 〈이글아이(D. J. 카루소 감독, 2008)〉는 수많은 정보를 이용해 개인을 감시하는 극단적인 모습을 보여줬다. 가히 '빅데이터(Big Data)의 시대'이자 '빅브라더(Big Brother)의 시대'이다. 하지만 통신 소프트웨어를 이용할 경우, 자동비행은 가능해보인다. 오토파일럿(autopilot)은 통신 소프트웨어 등에서 네트워크에 접속해 자동조작이 가능하도록 한다. 헬리콥터처럼 떠서 하늘을 날아가는 '틸트로터(Tilt-Rotor) 무인항공기 시스템'은 한국공학한림원이 선정한 '2011년 한국을 빛낸 과학기술·산업 성과'에 꼽히기도 했다.

　영화 〈다크나이트 라이즈〉에서 또 하나 눈여겨 볼 대목이 있다. 브루스 웨인의 지문을 훔쳐 월스트리트를 해킹하는 장면이다. 여기서 "일순간에 시민들의 돈이 전부 사라질 위험에 처했다"는 대사가 나온다. 이는 일종의 사이버테러다. 우리나라에서도 비슷한 일이 있었다. 2009년 7월 7일은 우리나라가 디도스(DDos) 공격을 받아 유명해진 날이다. 당시 국내 주요 사이트에 동시다발적으로 접속장애가 발생했고, 이 사건은 인터넷 보안에 대한 경각심을 불러일으켰다. 한편 2008년 2월 24일 유튜브에도 사고가 발생했다. 파키스탄에서 자국민 접근을 차단하는 가운데 통신 당국 기술자가 실수를 해 미국과 아시아, 태

평양 지역 전체에서 40여 분 동안 서비스가 중단된 것이다.

온라인 집중호우 – 디도스 공격

여기서 잠시 디도스에 대해 살펴보자. 디도스 공격은 온라인에 쏟아진 장마와 같다. 장마로 인한 피해를 100% 예방할 수는 없다. 집중호우에 대비해 교량을 점검하고 둑을 쌓지만, 상상을 초월한 강수량 앞에서 예방조치는 무력화된다. 경험하지 못한 양(volume)의 공격이 준비된 예방책의 질(quality)을 무장해제 시키는 꼴이다. 특정 사이트를 향한 디도스 공격으로 해당 사이트의 서비스가 마비되는 사태, 즉 온라인상에서 집중호우가 발생하는 것이다. 디도스(Distributed Denial Of Service : 분산서비스 거부)란 엄청난 분량의 데이터를 특정 서버에 집중시키는 공격을 말한다. 받아들일 수 없을 만큼의 데이터를 타깃이 된 사이트에 집중시켜 기능을 마비키시는 단순한 공격이다. 하지만 그 영향력은 실로 대단한 것이어서 디도스 공격이 국가기관과 포털사이트, 언론사, 은행, 보안업체 등에 집중되자 해당 사이트는 금세 마비되었다.

2009년 7월의 디도스 공격은 2003년 1월 25일에 발생한 대한민국 인터넷 대란과는 성격이 조금 다르다. 2003년 발생한 인터넷 대란 역시 같은 종류의 디도스 공격이었다. 하지만 인터넷에 접속하기 위한 과정 중 꼭 필요한 DNS(Domain Name Server)를 공격해 인터넷 접속 전체를 마비시킨 경우다. 2009년 디도

15

스 공격은 특정 사이트만을 지정해 공격했다는 점에서 차이가 있다. 더욱 흥미로운 것은 디도스 공격이 최근의 해킹 기법이나 사례 등과는 달리 아주 기초적인 방식으로 진행되었다는 점이다.

최근의 보안백신 프로그램이나 장비들은 세계 곳곳에서 발생한 최신 바이러스나 악성 코드들을 분석해 빠르게 보완하고 방어체제를 구축한다. 그래서 비정상적인 방법으로 서버에 접근하거나 악성코드가 포함된 스팸메일 등의 배포를 원천적으로 차단하는 등 탄탄한 보안시스템이 구축되어 있다. 하지만 재미있는 허점이 존재하는데, 바로 정상적인 접근에 대해서는 특별한 대비책이 없다는 점이다. 즉 100명의 사용자를 최대로 수용할 수 있는 서버에 101번째 사용자가 접근한다고 해서 그 사용자를 차단한다거나 접속하지 못하게 조치할 수 없다는 것이다. 이러한 초과 사용자는 서버를 느리게 만들어 사이트 접속이 다소 지연될 수 있다. 그래도 시스템적으로 큰 문제를 일으키지 않기 때문에 자연적으로 해결되도록 두는 편이다.

물론 서버를 많이 준비해 사용자를 분산시키는 등의 기술이 적용되어 있긴 하다. 하지만 접속자 수의 한계는 분명히 있다. 세계 최대 검색 사이트인 구글(Google)조차도 50억 명의 모든 세계인이 한꺼번에 접속한다면 정상적인 서비스가 제공될 수 없을 것이다. 그래서 보통 디도스 공격을 대비해 특정 사용자의 접속이 비정상적으로 많을 경우 이를 강제적으로 차단하는 방법을 쓴다. 즉 정상적인 접속이라면 1초에 수십 차례 이상의 접속을 하지 않는다고 판단해 미리 조치를 취하는 것이다. 그러나 이 역시 비정상적인 접속이 진행되고 발견된 이후에나 처리가 가능한 방식이다. 2003년의 인터넷 대란처럼 근본적인 인터넷 접속을 방해하기 위해 DNS가 타깃이 된다면 보안조치와는 상관없이 큰 문제가 될 수 있는 것이다.

호우는 누군가 인위적으로 만든 것이 아니다. 피해를 최소화하고 예방하려는 의지가 지속되지 않는다면 한여름의 장마피해와 디도스 공격은 또 발생할 수밖에 없다. 결국 피해를 최소화하기 위한 조치가 선행되어야 한다. 보안 프로그램을 개발하고 배포하는 업체들의 노력이 중요하다. 또 정부에서는 먼저 인터넷의 보안적 취약점 분석과 사태가 발생했을 때 국가적으로 입을 수 있는 손실을 방지하기 위해 지속적인 프로그램 개발지원과 무료백신 등을 배포해야 한다. 국가전산망에 대한 기초적인 보안의식이나 개인들에게 제공되는 지침 및 백신 프로그램의 활용 역시 중요하다.

각 개인도 자기 PC에 대한 보안을 철저히 해야 한다. 2009년 디도스 공격은 누군가가 바이러스를 배포해 감염된 PC가 공격을 진행했다. 그래서 2만여 대 이상의 PC가 좀비처럼 디도스 공격에 가담할 수 있었는데, 이러한 감염은 주로 보안면에서 문제가 있는 PC에서 진행된다. 비정상적인 프로그램을 다운 받거나 백신 프로그램 등의 업데이트가 잘 되어있지 않은 PC들이 그 대상이다.

디도스 공격으로 인한 사태는 누가 만들었고, 왜 공격했는지가 중요하다. 하지만 그보다 더 중요한 것은 이러한 공격에 대한 준비나 사전예방을 위해 정부나 기업에서 무엇을 했는지, 그리고 앞으로 어떻게 대비할 것인가라는 점이다. 대비가 충분치 않으면 가상세계인 인터넷에도 해마다 장마 피해가 계속되고, 그로 인해 더욱 큰 상처가 남게 될 것이다.

〈유령(SBS, 2012)〉이라는 TV드라마에 이와 관련한 내용이 나온다. 특히 스턱스넷(Stuxnet) 악성코드로 인해 국가전력망이 마비되는 사태는 치명적이다. 스턱스넷은 주로 산업시설을 감시하고 파괴한다. 스턱스넷은 2010년 6월 벨라루스에서 처음 발견된 웜 바이러스(worm virus)다. 또 2011년엔 농협 전산망에 디도스 공격이 가해졌는데 피해 복구를 시작한 지 18일이 지나서야 겨우 정상화될 정도로 타격이 컸다. 당시 필자를 포함해 많은 사람들이 이 때문에 불편을 겪었다. 한편 SK컴즈, 넥슨, 현대캐피탈 등의 기업에서는 개인정보 유출사고가 발생했다. 2011년의 경우에만 해도 개인정보 침해 건수가 5,000만 건 이상이었다. 소프트웨어에 종속된 우리 삶의 모습을 여실히 보여주는 사례들이라 할 수 있다.

소프트웨어는 실행되고, 데이터는 처리된다

2000년 7월 28일, 「뉴욕타임스」 부고란에 특별한 기사가 실렸다. 통계학자 존 터키(John Tukey) 박사가 죽었다는 소식이었다. 당시 그의 나이 향년 85세. 1953년 터키 박사는 '소프트웨어'

라는 말을 처음 만들었다. 그는 데이터를 분석하고 일련의 수를 빠르게 계산하는 방법에 대해 중요한 이론을 발전시킨 장본인이었다. 터키 박사는 프린스턴 대학 교수이자 AT&T(American Telephone and Telegraph Co.)의 벨연구소 연구원으로서 수십 년을 일했다. 그의 이론들은 통계학 박사 과정과 고등수학 부문에서 여전히 일부분을 담당하고 있으며, 1973년 닉슨 전 대통령은 터키 박사에게 미 국가과학상을 수여했다.

'소프트웨어'라는 말의 원조에 대해 다른 주장도 있다. 폴 니퀫(Paul Niquette)은 자신이 대학을 다니던 시절인 19살에 직관적으로 이 단어를 떠올려 사용했다고 주장한다. 다만 공식적인 논문 등을 통해 발표하지 못했다는 것이다. 사실 누가 먼저 고안했는지는 중요하지 않은 것 같다. 소프트웨어는 하드웨어에 반대되는 개념이다. 소프트웨어는 '만질 수 없는' 일련의 프로그램이자 알고리즘이라는 것을 사람들이 조금씩 인식하기 시작했다.

소프트웨어산업진흥법 제2조 1항은 '소프트웨어라 함은 컴퓨터·통신·자동화 등의 장비와 그 주변장치에 대해 명령·제어·입력·처리·저장·출력·상호작용이 가능하도록 하게 하는 지시·명령(음성이나 영상정보 등을 포함)의 집합과 이를 작성하기 위해 사용된 기술서 기타 관련 자료를 말한다'고 정의한다. 여기서 '지시·명령의 집합'이 핵심이다. 명령의 집합이기 때문에 데이터 값처럼 처리될 수 없고 실행되어야 한다. 소프트웨어는 마치 인간 뇌의 작용과 같다. 비가 온다는 외부정보가 데이터로 접수되어 처리되면 뇌에서는 비를 피하라는 명령어를 실행(소프트웨어)시키고, 하드웨어인 우리 몸은 처마 밑으로 몸을 피하게 된다. 한편 IT 지식포털 'IT FIND(http://www.itfind.or.kr)'에서는 '컴퓨터를 동작시키고 컴퓨터에 어떤 일을 처리할 순서와 방법을 지시하는 명령어의 집합인 프로그램과 프로그램의 수행에 필요한 절차, 규칙, 관련 문서 등의 총칭. 보통 프로그램과 같은 의미로 쓰인다'는 말로 소프트웨어를 정의한다.

『컴퓨터 개론(김대수 저, 생능출판, 2001)』에 의하면 정보기술(IT, Information Technology)은 정보를 여러 가지 형식으로 창조·저장·교환·사용하는 데 있어서 이용되는 모든 기술을 의미한다. 디지털은 0과 1로 확연히 구분되는 '이산적(discrete)' 정보다. '이산적'이라 함은 띄엄띄엄 존재해 셀 수 있다는 의미로 '연속'에 반대되는 개념으로 이해하면 된다. 실제 문자나 영상, 음향, 물체의 이동 등 이 세상의 모든 정보는 0과 1, 즉 디지털로 변환이 가능하다. '프로그램'은 명령어 모음이라고 생각하면 쉽다. 컴퓨터를 실행시키려면 컴퓨터가 알아들을 수 있게끔 명령을 해줘야 한다. '유틸리티'는 운영체계에서 제공되는 것 이외에 추가 기능을 제공하는 작은 프로그램이다.

소프트웨어는 기능에 따라 '시스템 소프트웨어'와 '응용 소프트웨어'로 나뉜다. 시스템 소프트웨어는 흔히 운영 체계(Operating System)를 생각하면 된다. 또 각 컴퓨터들을 서로 통신할 수 있게 해주는 '망 소프트웨어(network software)'와 '언어 소프트웨어(language software)'로도 나눌 수 있다. 소프트웨어의 배포 방법에 따라 패키지 소프트웨어·공용 소프트웨어·프리웨어·공유웨어·베이퍼웨어 등으로도 분류가 가능하다. 다만 여기서 한 가지 유의할 점은 소프트웨어를 데이터(정보)로 인식해서는 안 된다는 것이다. 결국 '소프트웨어는 실행되고 데이터는 처리되며 그 결과는 정보(information)다'라고 인식하면 된다.

'패키지 소프트웨어'는 이용도가 높은 프로그램이나 업종·업무에 적합한 프로그램들을 묶어 상품으로 제공하고 있는 소프트웨어다. 또는 이미 완성되어 판매를 기다리는 소프트웨어로 우리가 흔히 사용하는 '한글'이 대표적이다. '공용 소프트웨어'는 저작권과 상관없이 누구나 쓸 수 있는 소프트웨어다. 위키엔서스(http://wiki.answers.com)에 따르면 최초의 웹브라우저 'World Wide Web'이나 통계 분석 소프트웨어 'Hippo Draw' 등이 대표적인 공용 소프트웨어다. '프리웨어'는 무료 프로그램이지만 저작권이 있는 경우도 있고 없는 경우도 있다. 수많은 동영상·MP3 플레이어, '알약' 등이 프리웨어에 속한다. '공유웨어'는 일정 기간 사용해 보고 나중에 필요하면 구입하는 소프트웨어로, 마이크로소프트(Microsoft) 사의 '워드프로세서 평가판'이 대표적이다. '베이퍼웨어'는 아직 개발되지 않은 가상 제품을 말한다.

영화 〈매트릭스(워쇼스키 형제, 1999, 2003)〉 시리즈는 소프트웨어의, 소프트웨어에 의한, 소프트웨어를 위한 영화라고 해도 무방할 것 같다. 주인공 네오(키아누 리브스 분)는 잘나가는 소프트웨어 기업의 프로그래머. 실력 있는 프로그래머인 네오는 낮에는 세금 꼬박꼬박 잘 내는 성실한 회사원으로 살고 있지만, 밤에는 네오라는 이름으로 컴퓨터 해킹에 나선다. 그의 집에 놓여있는 여러 대의 컴퓨터 모니터들은 프로그래머이자 해커의 전형적인 모습을 보여준다. 영화 속에서 네오는 선지자 '오라클(Oracle)'을 만나 묻는다. "당신은 이 매트릭스 시스템 세계에서 만들어진 프로그램이 아닌가?" 사실 오라클은 대표적인 다국적 소프트웨어 회사로 데이터베이스 관리 시스템(DataBase Management System, DBMS)과 경영효율화를 위한 경영자원의 통합 관리 ERP(enterprise resources planning) 패키지로 유명하다. 영화에서 '오라클'은 주로 예지하는 역할로 나타나는데, 수많은 데이터와 프로그램을 다루는 거대 회사의 이미지가 계속 오버랩된다.

한편 영화 속에서 내내 네오와 대립각을 세우는 스미스 요원(휴고 위빙 분)이 있다. 스미스 요원은 시리즈가 흘러갈수록 자신의 세력을 확장하며 매트릭스 세계를 장악하려 한다. 마치 디도스 공격으로 전산망을 해킹하고, 시스템에 혼란을 야기하는 것과 마찬가지다. 컴퓨터 바이러스 같은 존재인 것이다. 거꾸로 매트릭스 시스템의 관점에서 보면 모피어스(로렌스 피쉬번 분)나 트리니티(캐리 앤 모스 분)의 존재가 바이러스다. 스미스 요원은 영화 속에서 인간은 역병이고, 자신이야말로 구원책이라고 표현한다. 인상 깊은 장면 중 하나로 스미스 요원이 모피어스를 취조하는 장면도 있다. 여기서 스미스 요원은 인간을 바이러스에 비유한다. 매트릭스 세계 설정 자체가 발상의 전환인데, 그

안에 존재하는 인간과 바이러스의 존재 당위성을 다시 한 번 뒤틀어놓은 것이다.

0과 1의 마법 같은 정보처리

앞서 언급한 존 터키 박사는 '비트(bit)'라는 말도 창안했다. 벨연구소에서 일하던 터키 박사가 '바이너리 디지트(binary digit, 2진 숫자)'보다 더 경제적인 말을 찾은 것이다. 사실 비트라는 말은 같은 연구소에서 일한 클로드 섀넌(Claude Elwood Shannon) 박사가 공식적으로 처음 사용했는데, 섀넌 박사는 '정보 이론의 아버지'로 불린다. '비트'는 정보의 최소 저장 단위다. 비트가 여러 개 모이면 '바이트(byte)'가 된다. 최근에는 양자 정보의 단위인 큐비트(qubit)에 대한 연구가 진행 중이다.

모든 전자식 컴퓨터는 2진법에 의해 부호화된 정보를 처리한다. 전자회로는 스위치를 끄고 켜는 혹은 높고 낮은 두 가지 방식의 전압 레벨을 생성한다. 이러한 전자회로를 구성하는 건 상대적으로 쉽다. 트랜지스터와 콘덴서는 끄고 켜는 상태만 지니고 있기 때문이다. 껐다가 켜는 신호야말로 명백하게 구별되는 두 가지 차원이다. 트랜지스터와 콘덴서는 컴퓨터 논리 연산 장치(프로세서)의 가장 기본적인 요소다.

트랜지스터 증폭 작용과 스위칭(switching) 역할을 하는 건 반도체 소자다. 트랜지스터는 아날로그 환경에서는 신호를 증폭시키고, 디지털 환경에서는 신호를 전환하는 스위칭 기능을 한다. 스위칭은 전류를 넣고 끊는 것을 번갈아가면서 한다는 뜻이다. 여기서 전류가 흐르면 '1', 흐르지 않으면 '0'이라는 디지털 신호를 갖는다. 0과 1의 마법 같은 정보처리에 따라 복잡한 계산이 가능해진다. 트랜지스터는 많은 계산을 할 수 있도록 집적도를 올리는 게 핵심이다. 집적도가 높아지면 프로그래밍된 컴퓨터 명령어를 해독하고 실행하게 된다. 이 명령어가 컴퓨터에서 수행되는 모든 작업의 토대가 된다. 마이크로프로세서는 명령을 해독하고 데이터를 처리한다.

패키지SW, IT서비스, 임베디드SW

소프트웨어산업 진흥법 제2조 2항은 소프트웨어산업을 '소프트웨어의 개발·제작·생산·유통 등과 이에 관련된 서비스 및 전자정부법 제2조 제13호의 규정에 의한 정보시스템의 구축·운영 등과 관련된 산업'이라고 정의한다. 한편 전자정부법에서는 '정보시스템은 정보의 수집·가공·저장·검색·송신·수신 및 그 활용과 관련되는 기기와 소프트웨어의 조직화된 체계를 말한다'고 규정하고 있다.

소프트웨어는 물론 하드웨어와 분리시켜 생각할 수 없다. 뇌 없는 몸이나 몸이 없는 뇌를 상상할 수 있을까? 『글로벌 소프트웨어를 꿈꾸다(한빛미디어, 2010)』의 저자 김익환은 "중요한 것은 어떤 결속이든지 다 컴포넌트(component)와 인터페이스(interface)라고 불리는 연결고리가 있다는 것"이라며 "인터페이스하는 대상이 소프트웨어의 컴포넌트일 수도 있고 하드웨어일 수도 있다"고 말한다. 개발자의 입장에서는 연결대상과 인터페이스만 같으면 둘 다 똑같다는 뜻이다.

산업의 측면에서도 소프트웨어와 하드웨어는 떼려야 뗄 수 없는 관계다.『닌텐도처럼 창조한다는 것(북섬, 2010)』의 저자 김정남에 따르면 일본의 닌텐도 회사 같은 경우 소프트웨어와 하드웨어가 일체전략을 펼쳐서 성공할 수 있었다고 한다. 그는 "닌텐도 안에 하드웨어팀과 소프트웨어팀이 공존함으로써 피드백을 주고받고, 때로는 자신이 옳다고 생각하는 것을 직접 구현해보고 검증할 수 있었기에 닌텐도 위피트(Wii fit)처럼 당초 기획보다 더 나은 상품을 개발할 수 있었다"고 적었다.

실제 우리나라 소프트웨어 업체가 신고 되는 유형은 어떻게 구분될까? 소프트웨어사업자 신고 분야는 컴퓨터관련 서비스, 패키지소프트웨어 개발·공급, 디지털컨텐츠 개발 서비스, 데이터베이스 제작 및 검색서비스로 나뉜다. 노무현 정부 당시 존재했던 정보통신부는 IT산업을 정보통신서비스, 정보통신기기, 소프트웨어 및 컴퓨터관련 서비스로 구분했다. 각 기관별로 혹은 시대별로 필요와 상황에 맞게 산업분류는 달라진다. 더 나아가 산업재산권(industrial property)에 따라서도 그 분류는 조금씩 달라진다. 해외에서는 각 나라 특성에 따라 소프트웨어 산업을 조금씩 다르게 정의한다. 주로 소프트웨어와 정보통신(IT)을 포괄해서 의미하는 경우가 많다. 인도의 경우에는 패키지소프트웨어 부문보다 IT서비스가 더 활성화되어 있는 것으로 알려져 있다.

이번에는 IT서비스에 대해 알아보자. IT서비스는 흔히 'SI(System Integration) 사업'으로 불린다. 쉽게 말해 IT기술을 통해 고객이 원하는 서비스를 해주는 사업이다. 이 때문에 소프트웨어는 디지털 컨버전스(convergence)를 통해 전 산업 분야로 확대되고 있다. 예를 들어 스마트폰으로 은행거래를 하는 소프트웨어를 사용한다고 하자. 누군가는 그 소프트웨어를 운용해 시스템을 안정적으로 구축하고, 매일 문제점이 없는지 파악해야 하는 업무를 해야 할 것이다.

얼마 전 한 개발자가 회사를 상대로 소송을 건 사건이 있었다. IT업계의 고질적인 야간근무에 대해 정당한 임금을 지급하라는 소송이었다. 그 개발자는 농협정보시스템에서 일했는데, 농협해킹사건 당시 야근을 일삼다 과로로 폐의 일부를 절제하는 수술까지 받았다. 농협정보시스템은 농협에 대한 정보화사업을 담당하는 IT서비스 회사다. 즉, 정보시스템의 개발에 대한 상담을 진행하고, 그 결과에 따라 설계와 개발, 운용, 보수, 관리 등을 하는 기업으로 통상 'SI업체'라고 불린다. SI업체는 기관이나 기업으로부터 서비스 사업을 수주 받아야 일을 할 수 있다. 서비스를 제공받고자 하는 수요기관이 있어야 하는 것이다. SI업체는 그러한 서비스를 공급하는 업체로서 우선 수요기관의 니즈(needs)를 정확히 파악해야 한다. 따라서 IT서비스 산업은 그 산업의 영역을 정확히 파악할 필요가 있다. 농협정보시스템에서 일한다면 금융 관련 도메인(domain) 지식이 필수라고 할 수 있는 것이다. 야구의 특성을 모르면서 야구 전광판 시스템을 구축하기는 어렵다. 이 때문에 IT서비스를 '지식서비스 산업'이라고 부른다. 이런 측면에서 소프트웨어 개발자 채드 파울러(Chad Fowler)는 도메인 지식의 중요성을 강조했다. 프로그래머에게도 "해당 사업 분야의 언어로 기업 고객과 이야기 할 수 있다는 것은 결정적인 기술"이라는 뜻이다. 그래서 파울러는 프로그래머로서 열정을 갖고, 회사 업무와 관련된 해당 업계의 잡지를 읽으라고 조언한다.

그럼에도 불구하고 IT서비스에서 진행되는 무수히 많은 프로젝트는 사실 예측하기가 쉽지 않다. 프로젝트 진행 중 일어나는 무수히 많은 변수를 애초부터 규정하기가 어려운 것이다. 이에 대해 소프트웨어 엔지니어 이종국 씨는 『인간, 조직, 권력 그리고 어느 SW엔지니어의 변(인사이트, 2011)』이라는 책에서 "프로젝트의 상황이 정상적으로 흘러가지 않기 때문에 정상적인 상황을 가정하고 만든 소프트웨어 공학이나 방법론은 소용이 없다. 차라리 프로젝트가 늘 비정상적이라고 생각하고 해결책을 찾는 것이 나을 것"이라고 강조했다. 그리고 그는 프로그래머들이 도메인에 대한 지식을 갖추게 되면 프로그램을 개선해야 한다고 지적했다. 그렇지 않으면 프로그램에 오류가 난다는 것이다. 비즈니스 자체가 복잡하기 때문에 소프트웨어도 복잡하다.

임베디드 소프트웨어는 쉽게 말해 제품 자체에 내장되어 있는 소프트웨어다. 자동차에 내장되어 있는 다양한 소프트웨어를 생각하면 된다. 한양대 선우명호 교수는 "차세대 자동차는 그린(green)카와 스마트(smart)카이며, 차세대 자동차의 생명은 소프트웨어"라고 했다. 그에 따르면 자동차에서의 소프트웨어 적용은 구동 부문과 인포테인먼트(infotainment) 부문으로 나뉜다. 전자는 사람의 생명 및 안전과 직결된 엔진, 모터 등을 제어하는 소프트웨어이고, 후자는 영화나 음악 등을 제공하는 소프트웨어다. 선우명호 교수는 현재 1,000만 라인 규모의 자동차 소프트웨어가 10년 이내에 1억 라인으로 증가할 것으로 예상했다(⟪SW가 세상을 바꾼다⟫ 강의 중에서).

소프트웨어는 논리다

미국 클라우드 전문업체 유칼립투스(Eucalyptus) 박상민 연구원은 '좋은 소스코드(source code)는 프로그래머의 뛰어난 표현력(자료구조), 논리력(알고리즘), 그리고 디자인(소프트웨어 공학)이 드러나는 창작물'이라고 표현했다. 한국과 미국 양국에서 일해 본 경험이 있는 그는 현재 캘리포니아 산타바바라에 거주하며 개인 블로그 'Human-Computer Symbiosis'를 통해 소프트웨어 관련 이야기를 들려주고 있다. (이하 중간중간 그와의 인터뷰 내용을 담았다.)

소프트웨어의 핵심은 단연 '논리'가 아닐까 싶다. 수많은 알고리즘(algorithm)이 모여야 정확하고 효율적인 연산을 할 수 있을 것이다. 논리는 수학적 사고다. 아인슈타인이 다른 분야에서는 그렇지 못했지만 수학에서는 탁월한 재능을 보였다. 이러한 모습은 소프트웨어 관련 종사들에게서도 비슷하게 나타난다. 세계적인 게임개발자 미야모토 시게루(宮本茂)의 경우, 전체 학업성적은 낮았으나 수학성적은 좋았다. 마이크로소프트 사의 빌 게이츠(Bill Gates), 구글의 창업자 세르게이 브린(Sergey Brin), 야후(Yahoo)의 창업자 제리 양(Jerry Yang)역시 그들에게 수학은 즐거움이었고 창의성의 원천이었다.

그렇다면 논리라는 것은 과연 무엇일까? 철학에서는 근대 이전에 이성을 '객관성을 지닌 예지적 존재'로 보았다. 그리고 근대 이후에는 '진리를 알아채는 지적 능력'으로 이성을 이해했다. 우리가 일상적으로 생각하는 논리는 후자에 가깝다. 서울대 철학과 백종현 교수는 "논리란 생각의 이치이자 말의 이치이고, 그 무엇이 무엇일 수밖에 없게 하는 까닭"이라고 정의했다. 다음은 이와 관련한 내용이다.

…… 이성을 객관적인 예지적 존재(entia rationis)로 이해하느냐 아니면 진리를 인식하는 데서 작동하는 인간 심성의 주관적인 지적 능력으로 이해하느냐에 따라 그 내용은 많이 달라질 수 있다. …… 지적 능력으로서 이성은 일정한 법칙 내지 규칙에 따르는 사고 작용을 하며 그 대표적 양태는 개념 작용, 판단 작용, 추리 작용, 체계화 작용이다. 이 사고의 법칙을 '논리 법칙'이라고 하며, 저 사고 작용의 양태 양상들의 체계적 서술이 논리학의 내용을 구성한다. 저 논리 법칙 내지 논리 규칙을

습득하고 논리적 사고 훈련을 받음으로써 사고 능력이 증진한 다면, 논리학은 사고의 기술(ars)을 담고 있는 셈이다. …… 논리란 내면적으로는 생각의 이치요, 외면적으로는 말의 이치라고 볼 수 있다. 그리고 '이치'란 무엇인가가 바로 그 무엇인 까닭, 무엇인가를 바로 그 무엇이게끔 해주는 까닭을 이른 것이니 '논리'란 말이 말이고 생각이 생각이며, 말을 '말이 되게' 하고 생각을 '생각이 되게' 하는 까닭이라고도 풀이할 수 있다.

– 백종현, 『철학의 주요개념 1,2』, pp.34~39

또 우리는 소프트웨어가 과연 기술인가 논리적 사고의 집합인가 하는 질문을 던져볼 수 있다. 소프트웨어가 정의에 따라 만질 수 없는 기술이라면 이걸 과연 기술이라고 볼 수 있는지 의문이 드는 것이다. 철학에서는 기술(Technology)의 어원을 '테크네(techne)'로 본다. 라틴어로는 '아르스(ars)'이다. 기술에 상대되는 개념은 '에피스테메(episteme)'이다. 에피스테메는 이론적 지식, 참의 지식을 뜻하는 말이다.

고대 그리스 시절, 소크라테스는 인간 지식이나 활동을 사변적(theoretical)인 것과 실제적(practical)인 것으로 나누었다. 그리고 플라톤은 위에서 설명한 테크네와 에피스테메 개념을 규정했다. 서울시립대 이중원 교수에 따르면 플라톤은 테크네를 계산술과 측량술, 산수, 음악, 체육 등과 같은 학문의 내용들까지 포함한 포괄적 의미로 사용했다. 아리스토텔레스는 생산과 관련된 기교적 지식, 변화하는 사물들에 대한 실제적 지식을 '테크네'라고 불렀다. 소프트웨어는 알고리즘으로 짜여 있어 직관적으로 볼 때 테크네에 가깝다. 다만 소프트웨어가 논리의 산물이고, 그 논리라는 것이 '무엇일 수밖에 없는 까닭'이라고 했을 때 에피스테메의 특성을 갖고 있다고 할 수 있다.

이와 관련해 이중원 교수는 "불변하는 어떤 것을 다루는 에피스테메와 달리 테크네는 변화하는 어떤 것을 다룬다. 그러나 테크네는 무언가를 만들 때 에피스테메를 이용할 수 있다"고 밝혔다. 아울러 관련 주석에서 이 교수는 "이런 의미에서 플라톤과 아리스토텔레스는 모두 테크네의 논리적 특성을 강조하고 있다. 다만 플라톤의 경우 에피스테메로부터 숫자, 수학적 논리, 측정술과 같은 논리적 요소들을 이용하는 반면 아리스토텔레스는 이보다 훨씬 포괄적인 질서를 논리적 요소로 이용한다"고 적었다.

이번 장을 요약하면 다음과 같다. 현대적 소프트웨어 개념의 시초는 비운의 수학자 앨런 튜링으로부터 시작했다. 소프트웨어는 현재 삶의 일부가 돼 세상을 지배하고 있다. 지배한다는 건 '널리 퍼진다'는 의미와 '종속될 수 있다'는 의미를 동시에 지니는데 이는 동전의 양면성과 같다. 소프트웨어가 일상이되면서 실제로 목숨을 구하는 등 우리 삶의 질을 바꾸고 있다. 하지만 정보 유출과 시스템 해킹 등 부작용 역시 발생했다.

소프트웨어는 하드웨어에 반대되는 개념으로 만질 수 없는 일련의 프로그램이자 알고리즘이다. 소프트웨어는 인간 뇌의작용으로 비유할 수 있다. 소프트웨어산업은 크게 패키지 소프트웨어, IT서비스, 임베디드 소프트웨어의 측면으로 나눠볼 수 있다. 지식서비스 산업인 소프트웨어산업은 디지털 컨버전스를 통해 전산업 분야로 확대하고 있는 추세다.

소프트웨어는 논리에 기반을 두고 있다. 논리란 생각의 이치이자 말의 이치이며 그 무엇이 무엇일 수밖에 없게 하는 까닭이다. 소프트웨어는 테크테에 가깝지만 에피스테메의 특성도 갖고 있다

소프트웨어의 어제와 오늘, 그리고 내일

한때 필자의 머릿속을 헤집어 놓은 격언이 하나 있다. "항상 갈망하고 항상 무모하라! (Stay hungry, Stay foolish!)"이다. 이 격언은 2005년 스티브 잡스가 스탠포드 대학교 졸업식 축사에서 했던 말이다. 개인적으로 영어가 주는 간결함과 운율이 예술이라고 생각한다. 마치 거창고등학교의 직업선택 10계명 중 하나인 '왕관이 아닌 단두대가 기다리는 곳으로 가라'를 연상시킨다. 이 격언 하나로 잡스의 정신과 행보를 요약할 수 있지 않을까?

얼마 전 애플(Apple Inc.)이 미국 기업 사상 최고 시가총액을 갱신한 뉴스가 보도됐다. 미국 현지시간으로 2012년 8월 20일, 시가총액이 6,230억 달러(한화 707조 원 상당)를 기록한 것이다. 무너져가던 애플을 키운 건 바로 스티브 잡스였다. 그는 고인이 됐지만 전 세계 소프트웨어 및 IT 종사자, 나아가 많은 이들에게 큰 울림을 주었다. 사실 소프트웨어를 언급하며 그를 빼놓을 순 없다.

"스티브 잡스는 PC산업의 선구자이다." 기술문화연구소 류한석 소장은 그를 이 한 문장으로 표현했다(《SW가 세상을 바꾼다》 강의 중에서). 류 소장은 잡스의 훌륭함을 세 가지 측면으로 요약했다. 첫째, 애플II로 사실상 PC시대를 열었다는 점. 둘째, 매킨토시(Macintosh)가 현대 컴퓨터의 패러다임을 바꿨다는 점. 셋째, 포스트 PC시대를 여는 아이폰이 나오는 데 중추적인 역할을 했다는 점이다.

1976년 스티브 잡스는 워즈니악(Steve Wozniak)과 함께 자신의 집 주차장에서 애플을 창업하고, 애플의 첫 제품인 애플I을 만들었다. 당시 이 컴퓨터를 만들지 않았다면 지금 우리가 사용하고 있는 컴퓨터는 아예 존재하지도 못했을지 모른다. 애플II는 1977년 출시됐는데, 당시로선 획기적인 48kb RAM을 내장했다. Ondolsoft 김주환 대표는 「과학동아」에 쓴 '프로그래밍을 대하는 자세'라는 글에서 애플II에 대해 "이 컴퓨터에서는 베이직 언어만 알면 누구나 쉽게 프로그래밍 할 수 있었다"면서 "프로그래머 혼자 프로그램의 처음부터 끝까지 만들어내는 일이 일반적이었다"고 회상했다.

이어 1984년, 애플은 현존 컴퓨터의 롤 모델인 매킨토시를 출시했다. 하지만 스티브 잡스는 매킨토시를 개발하며 사내에서 많은 적을 만들었다. 실적도 별로 좋지 않았다. 매킨토시는 출시 당시 빛을 보지 못했다. 잡스가 회사를 떠나고 나서야 페이지메이커(Pagemaker)나 포토샵(Photoshop) 같은 킬러 소프트웨어가 등장해 사랑을 받기 시작했다. 하지만 이 역시 후속작이 없어 시들해지고 말았다. 1985년 애플에서 쫓겨난 잡스는 벤처 기업 넥스트(Next inc.)를 설립한다. 여기서 그는 적자를 감수하고 차세대 운영체제 넥스트스텝(Nextstep)을 개발한다. 이는 나중에 매킨토시 OS의 기반이 된다. 1997년 7월, 애플의 구원 투수로 잡스가 임시 CEO로 선임된다. 그리고 1998년, 아이맥(iMac)이 출시된다.

애플의 소프트웨어와 감성

애플은 디지털 미디어를 다루는 소프트웨어의 중요성을 누구보다 먼저 인식했다. 애플은 2003년 미디어 관련 소프트웨어를 '아이라이프(iLife)'라는 패키지로 묶어 맥에 포함시켰다. 그리고 2001년 10월 아이팟(iPod) 출시, 2003년 8월엔 아이튠즈(iTunes) 스토어가 전 세계를 강타해 세계 최고의 디지털 콘텐츠 서비스가 된다. 아이팟 1세대는 5.1GB의 내장형 HDD에 1,000곡의 노래를 저장할 수 있었다. 잡스는 2007년 1월에 열린 맥월드 엑스포에서 아이폰(iPhone)을 처음 소개했고, 그해 6월 제품이 출시된다.

서울대 융합과학기술대학원 안철수 원장은 한 특강에서 아이폰 쇼크는 국내 대기업이 위기에 처해있다는 사실을 알려준다고 말했다. 하청업체들과의 수직적 관계에서는 아이폰 같은 창의적 제품이 나올 수 없다는 뜻이다. 한편 이화학술원 이어령 석좌교수는 "아이폰은 손가락으로 직접 터치스크린을 조작하기 때문에 기계와 내가 생명으로 통할 수 있다"고 강조했다.

『애플 쇼크(더난출판, 2010)』를 쓴 김대원 씨는 "빠른 운영체제와 정전식 터치스크린을 제외한다면 아이폰은 다른 휴대폰에 비해 기술적으로 나은 점이 없고, 오히려 뒤떨어지는 점도 많다. 그럼에도 불구하고 이 한계를 뒤집는 게 바로 감성에 바탕을 둔 창의성이다. 이 창의성은 딱 반 발짝만 앞선다"고 밝혔다. 누구나 생각할 수 있는 것에 변화를 줘서 세상을 흔들고 있는 게 바로 애플이라는 뜻이다. 더불어 류한석 소장은 스티브 잡스에 대해 "하드웨어, 소프트웨어, 콘텐츠를 통합하는 치밀한 전략을 구상하고, 이를 10년에 걸쳐 비밀스럽고 단계적으로 실행해 성공했다. 단지 기업이 아니라 산업 전반과 전 세계인들의 삶에 영향을 끼쳤다"고 말했다.

스티브 잡스는 운영체제(OS)에 대한 혜안이 있었던 걸까? 운영체제는 하드웨어와 소프트웨어를 제어해 실제로 사용자들이 컴퓨터를 사용할 수 있게 만들어주는 인터페이스 역할을 한다. 지금은 OS가 개발 플랫폼의 핵심요소로 작용한다. 애플의 iOS와 구글의 안드로이드(Android), MS의 윈도폰(Windows Phone) 운영체제가 현재 OS에서 경쟁하고 있다.

2011년 구글이 모토로라를 인수했을 때 개방형 플랫폼 안

드로이드를 제공하고 있는 구글의 속내에 대해 이런저런 이야
기가 많았다. 구글이 추후 개방형에서 폐쇄형으로 가지 않을까
하는 걱정이었다. 이 때문에 국내 자체적인 플랫폼을 개발해야
한다는 것이다. 삼성전자는 기존의 모바일 플랫폼 '바다(BADA)'
에 쏟은 역량을 오픈소스 기반 운영체제인 '타이젠(Tizen)'으로
통합하고 있으며, 리눅스 재단(Linux Foundation)이 이끄는 타이젠
에 삼성전자와 인텔이 주도적으로 참여하고 있다. 통합형 임베
디드 소프트웨어 개념으로 진행 중인 타이젠의 성공에 귀추가
주목된다.

마이크로소프트, 다시 비상할까

2012년 5월 31일, 전국경제인연합회는 '미래 산업의 핵심,
소프트웨어를 말한다'라는 주제로 토론회를 개최했다. 이날 마
이크로소프트사의 호라시오 구테에레즈(Horacio Gutierrez) 부사
장은 지적재산권 관련한 특별강연을 펼쳤다. 그는 "소프트웨어
산업을 통해 신규 일자리가 많이 늘어날 것이며, 핵심은 지적
재산권 보호"라고 강조했다. 호라시오 부사장에 따르면 마이크
로소프트는 막대한 연구개발비를 투자해 기술개발을 해왔고,
특히 지적재산의 관리에 중점을 두고 있다. 그는 "우리는 소프
트웨어를 팔아 매년 90억 달러 이상을 다시 소프트웨어 개발
에 투자한다. 혁신을 부르는 이런 선순환이 없었다면 현재의 마
이크로소프트는 없었을 것"이라고 말했다.

지적재산권을 강조하기 때문일까? 마이크로소프트사는 2012년 5월 우리나라 국방부를 상대로 소프트웨어 사용료를 요구했다. 우리나라 군대가 사용 중인 PC 대부분이 불법 복제 소프트웨어를 사용하고 있기 때문에 정당한 대가를 지급하라는 주장이다. 마이크로소프트사는 국방부에 2,100억 원에 달하는 라이선스(license) 비용을 요구했다. 여기에는 클라이언트 접속 라이선스(CAL) 비용, MS오피스 등 불법 소프트웨어 사용, 백신 불법 사용, 암호인증체계 라이선스비 미지불 등이 속한다. 언론 보도에 따르면 국방부의 21만 대 컴퓨터가 모두 접속하는 백신 업데이트 서버로 마이크로소프트사가 개발한 서버 소프트웨어를 사용하고 있다. 그런데 마이크로소프트 주장에 따르면 국방부가 서버 접속권을 구입하지 않았다는 것이다.

최근 저작권 관련 기관을 통해 들은 바에 따르면, 소프트웨어의 특허와 저작권은 다음과 같이 간단히 이해할 수 있다. 우선 '알고리즘'은 아이디어로, '소스코드'는 그 아이디어가 표현된 것으로 보면 된다. 저작권은 표현된 것(소스코드)을 보호하고, 특허와 연관된 산업재산권은 아이디어(알고리즘)를 보호한다. 또 컴퓨터 프로그램은 저작권과 관계가 있으며 소프트웨어는 특허권과 밀접하다. 저작권은 보호범위가 불명확하지만 권리 발생이 용이하고, 장기간 권리 보호가 가능하다. 특허권은 보호범위가 명확하나 권리 획득의 어려움이 존재한다.

애플과 함께 마이크로소프트는 여전히 IT 절대 강자에 속한다. 한때 PC 소프트웨어 시장의 지존이었던 마이크로소프트는 최근 모바일 인터넷의 대두와 함께 정체된 느낌을 준다. 1998년 5월 미국 정부는 마이크로소프트에 반독점 소송을 냈다. 2002년 마이크로소프트는 윈도 소스코드를 다른 회사에 공개하기로 하면서 합의준수 여부를 감시받아야 했다. 감시기간은 2009년 11월까지 연장됐다. 그리고 유럽에서는 반독점 벌금을 물어야 했다. 특히 마이크로소프트는 검색 시장에서 구글에 밀렸다. 마이크로소프트는 태블릿(Tablet)PC 부문에서도 먼저 눈을 떴으나 애플에 밀렸다. 디지털음악 시장에서도 마찬가지다. 하지만 앞으로 펼쳐질 공세에서 다시 누가 주도권을 잡을지는 정말 아무도 알 수 없다.

마이크로소프트의 빌 게이츠 역시 유명한 말을 많이 남겼는데, 한 고등학교에서 학생들을 대상으로 11가지 교훈을 이야기한 적이 있다. 그 중 첫 번째와 마지막 교훈이 눈길을 끈다. "인생이란 원래 공평하지 못하다. 그런 현실에 대해 불평할 생각하지 말고 받아들여라!", "공부밖에 할 줄 모르는 바보한테 잘 보여라. 사회에 나온 다음에는 아마 그 바보 밑에서 일하게 될지도 모른다." 요즘 같은 시대에 참으로 와 닿는 이야기가 아닌가 싶다.

1980년대는 애플이나 IBM(International Business Machines Co.) 등 하드웨어 기업들이 우세했다. 하지만 빌 게이츠는 일찍부터 소프트웨어의 힘을 알아챘다. 마이크로소프트는 윈도우 3.0과 MS오피스를 가지고 있었다. 1981년의 MS DOS는 누구나 알고 있는 개인용 PC운영체제다. 1984년에는 MS윈도가 출시되

어 전 세계를 장악한다. 또 1989년 마이크로소프트사는 IBM
과 OS/2를 공동으로 개발했다. 아울러 마이크로소프트는 애
플 매킨토시의 응용 소프트웨어 제작사라는 장점도 갖고 있
었다. 그 중 인터넷 익스플로러(Internet Explorer)는 1995년 MS윈
도에 기본 내장형으로 보급돼 가장 많이 쓰이는 웹브라우저가
됐다. 미국 컴퓨터 관련 전문잡지 「컴퓨터 월드(Computer World)」
가 보도한 IT배틀 11선에는 익스플로러와 넷스케이프의 네비
게이터(Netscape Navigator)가 선정됐다. 익스플로러가 세상을 지배
하기 전 그 대항마로 등장한 것이 넷스케이프였다. 마이크로소
프트가 반독점 소송에 휘말린 것도 사실 익스플로러를 무료로
보급했기 때문이다.

웹브라우저 전쟁 – 넷스케이프, 익스플로러, 크롬

'웹브라우저'란 인터넷을 이용할 수 있도록 해주는 소프트
웨어다. 일종의 인터넷 언어 해석기라고 할 수 있다. 즉 인터넷
을 통해 송수신되는 데이터를 정해진 규칙으로 해석한 후 웹브
라우저 화면에 뿌려주어 네티즌들이 웹사이트에 접근하고 활
용할 수 있게 해주는 것이다. 'HTML(Hypertext Markup Language)'
이라고 부르는 공통 인터넷 언어를 일반 사용자들이 굳이 해석
하지 않아도 필요한 정보를 주고받는 데 불편하지 않도록 하는
중요한 역할을 웹브라우저가 하는 것이다.
　웹브라우저는 1990년대 초중반 인터넷이 태동하면서 일반

인들에게 알려지기 시작했다. 이 무렵에는 현재 많이 사용하고 있는 MS사의 익스플로러보다 '넷스케이프'라고 하는 브라우저가 시장점유율 85%를 확보하며 널리 사용되었다. 따라서 인터넷을 기반으로 하는 프로그램이나 서비스들은 당연히 넷스케이프를 기준으로 제작되었다. 사실 익스플로러는 웬만해서는 잘 사용하지 않는 웹브라우저 시장의 후발주자에 불과했다. 그러나 윈도OS를 독점하고 인터넷 시장에 주목하던 MS의 전략은 결국 넷스케이프를 무너뜨리게 된다. 당시 전략은 윈도우-OS에 익스플로러를 강제로 끼워 넣는 것이었고, 또 다른 하나는 웹 개발 환경의 새로운 시도였다.

대기업들이 인터넷 사업에 관심을 갖고 사업을 시작한 1997년 무렵, SK텔레콤의 '넷츠고(netsgo)'와 LG인터넷의 '채널아이' 등의 서비스가 런칭됐다. 당시에는 기존의 천리안이나 하이텔 같은 PC통신 서비스를 인터넷용으로 서비스하고 전용 브라우저 CD를 배포했다. 그 전용 브라우저의 기반이 된 것이 익스플로러였던 것으로 기억한다. 익스플로러를 기반으로 하게 된 배경에는 여러 가지가 있겠으나 가장 큰 이유 중 하나는 새로운 웹 프로그램 개발 환경의 제공 때문이었다. 즉, 당시 넷스케이프에서는 주로 자바스크립트(Java Script)나 펄(Perl) 등의 언어들이 주로 사용되었는데, 이 언어들로는 차별화된 유료 웹서비스를 개발하기가 쉽지 않았기 때문이다.

물론 지금처럼 초고속 인터넷이 집집마다 설치된 시대였다면 대기업들의 접근 방향이 조금 달랐을지 모른다. 하지만 당시에는 매우 느린 속도의 인터넷 접속이 대부분이어서 현재와 같은 실시간 동영상 감상은 생각조차 하지 못했다. 게시판의 글을 하나 읽으려면 페이지를 넘길 때마다 지겨운 로딩(loading) 시간을 기다려야 했다. 그러던 중 마이크로소프트가 웹에서도 일반 프로그램과 같은 파격적인 속도와 기능을 지원하는 개발방법을 제시한다. 바로 'Active-X'라고 불리는 기술이다. 넷스케이프는 플러그인(plug-in)이라는 형태로 별도의 설치과정을 거친 후 새로운 기능을 브라우저에 추가할 수 있었다. 이러한 방식은 당시 일반인들에게 다소 생소한 과정이었고 불편했다. 그러나 마이크로소프트는 웹페이지에 접속하는 과정에서 자연스럽게 다운로드가 되면서 동시에 멀티미디어 기능들이 제공될 수 있도록 만들었다. 따라서 넷스케이프보다 그 범용성이 우수했다. 대기업들도 관리가 어려운 리눅스 계열의 OS나 DB(database)보다는 비주얼한 관리 툴을 제공하고 조작이 쉬운 MS계열의 서버와 DB를 선호했다. 비용이 조금 더 들더라도 관리의 효율성을 가져올 수 있는 대기업다운 선택이었다.

마이크로소프트의 제품들이 가지는 특징은 무엇일까? 바로 '사용자 편리성'이다. 화려한 그래픽을 개발 프로그램에 적용해 복잡한 명령어를 입력하지 않아도 서버나 프로그램 개발이 가능했다. 대기업은 비용적인 측면에서 걱정하지 않아도 되었기에 마이크로소프트의 제품들을 선호하게 되었다. 아울러 Active-X의 지원에 힘입어 익스플로러에 적용되기 시작하면서 차별화된 서비스를 제공할 수 있었던 점도 빼놓을 수 없다. 이는 넷스케이프에서 지원하기 어려운 기술이었다. 이것이야말로 익스플로러를 기반으로 전용 브라우저를 개발하게 된 주된 이유 중 하나라고 볼 수 있다.

앞서 언급한 마이크로소프트에서 윈도우OS에 익스플로러를 무조건 끼워 넣기 시작한 전략은 독점을 형성한 기업에서 선택할 수 있는 전략이었다. 그래서 법원의 판단과 공방이 진행됐다. 그리고 넷스케이프의 웹브라우저 시장 점유율 85%를 마이크로소프트가 완전히 역전시킨다. 그런데 2000년대 중반까지 90% 이상을 장악했던 익스플로러의 웹브라우저 시장 점유율이 점차 밀려나기 시작한다. 오픈소스(open source)에 대한 개발자들의 갈채와 파이어폭스(Firefox)라는 새로운 브라우저의 등장으로 점유율이 70%대까지 밀려나는 상황에 이른 것이다. 2008년에는 대략 70%의 익스플로러와 30%대의 비(非)익스플로러 웹브라우저로 나뉘어 있었다. 그런데 여기에 구글이 도전장을 내민다. 웹브라우저 시장에 새로운 전쟁이 시작된 셈이다. 웹브라우저는 그 프로그램 자체가 무료이기 때문에 사용자 입장에서는 스타일에 맞게 선택해서 사용하면 그만이다. 하지만 국내 포털사나 웹사이트를 개발하고 운영하는 회사 입장에서는 중요한 이슈거리일 수밖에 없다.

마이크로소프트는 익스플로러에서 발생한 보안 문제로 Active-X의 동작을 막아버리는 조치를 취한 적이 있는데, 이때 그야말로 한바탕 난리를 겪었다. 그래서 당시 구글 크롬(Chrome)의 등장은 단순히 구글과 마이크로소프트의 파워게임이나 새로운 시장의 도전이라고만 볼 수 없었다. 크롬은 구글이 2년간 비밀리에 진행한 프로젝트였다.

국내 소프트웨어 시장에서는 '이스트소프트(ESTsoft)'의 알툴즈 시리즈나 '한글과 컴퓨터'의 오피스 프로그램 등이 여전히 선전하고 있다. 하지만 OS와 웹브라우저 등의 주요 프로그램에 대한 연구와 개발이 미진한 상황에서는 언제든 시장의 논리로 인해 국내 인터넷 환경이 크게 흔들릴 수 있는 여지가 있다. 2008년 구글의 새로운 시도를 보면서 국내 주요 개발사와 포털사 등의 IT기업에서는 이러한 연구와 시도가 얼마만큼 이루어지고 있는지 걱정하지 않을 수 없었다. 구글 크롬이 얼마만큼의 점유율을 확보할 수 있을지는 미지수였다. 하지만 점유율이 늘어나면 늘어날수록 국내 업체들은 또 다른 고민을 안게 될 것이다. 현재는 익스플로러 환경에서 웹사이트를 만들고 있지만, 파이어폭스 기반 하에서도 원활한 동작이 이루어질 수 있게 해달라는 요청을 받고 있기 때문이다. 국내 포털사나 개발사들도 한정된 국내 시장의 콘텐츠 확보 전쟁이나 게임 판권 확보 등에만 주력할 것이 아니라, 인터넷 시장의 근간이 되는 기초 종목에 더욱 매진해야 하지 않을까?

2012년 3월 18일, 브라우저 점유율에서 구글 크롬이 하루 동안 익스플로러를 제치는 기염을 토했다. 시장조사업체 스탯카운터(http://gs.statcounter.com)의 결과에 따르면 이날 하루 전 세계에서 크롬이 가장 많이 이용된 브라우저였다. 시장점유율은 크롬이 32.7%, 익스플로러가 32.5%였다. (참고로 2012년 현재 브라우저 시장의 Top5는 익스플로러, 크롬, 파이어폭스, 사파리(safari), 오페라 (Opera)다.)

2012년 8월에는 크롬 점유율이 드디어 33%를 넘었다. 파이어폭스가 하락하면서 크롬이 올라간 것이다. 이를 통해 크롬이 익스플로러를 추월했다는 보도가 있었다. 웹브라우저 시장에 큰 변화와 균열이 시작된 것이다. 다음커뮤니케이션 김지현 이사는 "브라우저는 수많은 웹사이트를 만나게 해주는 중계자다. 브라우저가 인터넷 시장에 끼치는 영향력은 막강하다"고 밝혔다. 그리고 김 이사는 크롬의 성장을 다음과 같이 세 가지로 분석했다. 첫째, 빠른 브라우징 속도. 둘째, 아이폰과 안드로이드폰, 아이패드 등 다양한 디바이스(device)의 지원. 셋째, 플랫폼 개방 및 장터의 제공이다.

구글의 다음 행보가 궁금하다

세르게이 브린과 래리 페이지(Larry Page)는 수학자이자 컴퓨터공학자인 부모님의 영향을 많이 받았다. 그래서 둘 다 논리적 사고에는 일가견이 있었다. 1998년 래리 페이지와 세르게이 브린은 의기투합해 'BackRub'이라는 이름의 회사를 창업한다. 당시 포털사이트 1위는 야후였다. 야후의 CEO 제리 양은 검색을 통해 수익을 올리긴 힘들 것이라 생각했다. 하지만 2000년 말 구글의 직원은 100명 정도로 늘어났다. 그리고 2006년 구글은 세계 최대 동영상 공유 사이트 '유튜브(You Tube)'를 인수한다. 2007년에는 디지털 마케팅 회사인 '더블클릭(Double Click)'을 인수했다. 2011년엔 소프트웨어 기업으로서 하드웨어 기업인 '모토로라(Motorola)'를 인수해 세계를 깜짝 놀라게 했다. 한편 구글의 검색엔진은 페이지와 페이지 사이의 링크 분석을 해주는 '페이지랭크(PageRank)'로 불린다. 링크에 대한 분석을 정량화해주는 것이다. 구글은 웹페이지에 품질 순위를 매겨준다.

이제 '검색'은 문화이자 생활이며, 현재와 미래를 내다보는 잣대로 작용하고 있다. 실시간으로 검색어가 공유되고, 공유된 검색어는 다시 문화를 이끌어간다. 검색의 미래에 대해 『구글 스토리(Google Story)』의 저자 존 바텔(John Battelle)은 "검색은 인류가 당면한 가장 어려운 문제 중 하나인 '인공지능의 창조'를 해결하려는 시도를 성공으로 이끌 수 있는 촉매이기도 하다"라고 하면서 "검색은 본질적으로 모든 컴퓨터과학에 있어 가장 도전적이면서도 흥미로운 문제 가운데 하나"라고 말했다.

존 바텔은 검색이 이루어지는 방법에 대해 "본질적으로 검색엔진은 입력한 단어(검색어)를 웹페이지에서 수집한 데이터베이스(인덱스)와 연결시킨다. 검색엔진은 그 다음 입력된 질문과 관련성이 가장 높다고 판단되는 URL(정보의 위치를 표시한 인터넷 주소)과 콘텐츠 요약의 목록을 제공해준다"고 설명한다. 검색엔진은 크롤(crawl, 정보수집), 인덱스, 사용자의 검색어를 인덱스에 연결해주는 인터페이스 및 관련 소프트웨어인 런타임 시스템 혹은 쿼리 프로세서(질문처리기)라는 세 가지 주요 부분으로 구성된다.

2009년 9월 SK컴즈는 '시맨틱(Semantic) 검색'을 시작했다. 단어나 문장 등 질의어의 의미를 파악해 최적화된 결과를 내놓는 차세대 검색이었다. 마이크로소프트의 빙(Bing)이나 구글의 스퀘어드(Squared) 검색도 시맨틱 요소를 도입했다. 시맨틱 검색은 1998년 시맨틱 웹이 주창되면서 눈길을 끌었다. 최초의 인터넷 검색엔진은 웹 이전의 검색 어플리케이션인 아키(Archie)다. 아키는 1990년 맥길대학교 앨런 엠티지(Alan Emtage)와 빌 힐란(Bill Heelan), 피터 도이치(Peter J. Deutsch)가 개발했다. 하지만 제대로 된 첫 번째 검색엔진은 뭐니 뭐니 해도 알타비스타(Altavista)이다. 1996년만 해도 알타비스타가 가장 인기 있는 검색엔진이었다.

구글의 비밀연구소 '구글X'에서는 대략 100여 가지의 프로젝트가 진행 중이라고 한다. 여기서는 자가운전 자동차 등 미래를 바꿀 연구들이 펼쳐지고 있다. 구글 사이트에 나와 있는 정보에는 '구글의 목표는 전 세계 정보를 체계화하여 모두가 편리하게 이용할 수 있도록 하는 것'이라고 소개하고 있다. 과연 구글은 어디까지 뻗어나갈 수 있을까?

'구글X'에서 선보인 프로젝트 글래스

포털사이트, 그 치열한 시장

2006년 8월 어느 날 아침, 기억 속에서 슬며시 사라진 줄 알았던 한 포털 업체의 이름이 인터넷 실시간 검색어 1위를 차지하는 기현상이 나타났다. 그 업체의 이름은 바로 '네띠앙 (Netian)'이었다. 1990년대 말부터 2000년대 초 벤처 붐이 일면서 포털 업체들이 각광을 받기 시작했는데, 이때 네띠앙은 개인 홈페이지 서비스를 내세워 한창 인기를 끌었다. 하지만 네이버와 다음, 네이트 등이 저마다의 강력한 콘텐츠와 서비스로 굳건히 포털 업체의 선두를 이끌기 시작했고, 네띠앙은 드림위즈, 엠파스, 야후 등의 중위권 포털 업체에게도 밀려나 있는 상태였다. 그런 업체가 하루아침에 실시간 검색어 1위라니, 과연 무슨 일이 있었던 것일까? 네띠앙이 호스팅 비용을 내지 못해 며칠 동안 서비스가 중단된 상태였기 때문이다. 며칠 후 서비스는 임시 복구되었다. 당시 호스팅 대행업체인 '아이네트 호스팅'에 지급하지 못한 회선 임대료만 수억 원대였다. 그래서 결국 서비스가 중단되는 사태에 이른 것이다.

네띠앙의 접속 마비는 기업의 몰락일까, 단순 해프닝일까? 네띠앙의 인수업체인 코스모씨앤티(Cosmo CNT)에서는 구조조정 과정 중에 생긴 단순 해프닝이라는 입장을 밝힌 바 있다. 하지만 이미 네띠앙의 업데이트는 며칠 전부터 중단된 상태였고, 2005년 9월 네띠앙을 인수한 후 게임 포털로 거듭나겠다던 청사진은 1년이 지난 후까지 유야무야 되었다. 그리고 결국 서비스 중단이라는 사태에까지 이르렀다. 네띠앙은 '한글과 컴퓨터'의 이찬진 사장이 만든 한컴네트에서 출발했으며 이메일, 홈페이지, 커뮤니티, 전자상거래, 실시간 뉴스 등의 서비스를 제공해 왔다. 2003년엔 회원 수 730만 명까지 확보했던 포털사이트 1세대 대표 사이트였다. 하지만 결국 현금을 창출해낼 수 있는 수익모델 부재 속에 대주주가 여러 차례 변경되는 우여곡절을 겪다가 결국 서비스 중지라는 최악의 사태에 이르게 되었다.

국내 포털 업체들은 저마다 청사진을 제시하며 화려하게 등장했다. 타 업체에 인수된 적 있는 코리아닷컴이 그랬고, CJ에서 야심차게 시작한 마이엠(지금은 폐쇄)이 그랬다. 이외 여러 업체들이 포털사이트에 매력을 느껴 시장에 진입하려 했고, 캐쉬 카우(cash cow: 제품 성장성이 낮아지면서 수익성, 즉 점유율이 높은 산업을 지칭)를 확보하지 못한 업체들은 결국 문을 닫는 운명에 이르고 말았다. 하지만 IT버블이라는 비아냥 속에서도 네이버와 다음, 네이트 등은 여러 인기 서비스들을 만들어냈고, 지금은 엄청난 수익과 문화적인 트렌드를 창출해내며 굳건히 우량 기업으로서 발전을 거듭하고 있다.

포털사이트란 사용자가 인터넷을 이용할 때 가장 처음 접속하게 되는 관문이었다. 그런데 단순히 사이트 링크를 제공하던 초기 서비스에서 벗어나 커뮤니티와 검색, 전자상거래 및 게임 등을 제공하기 시작했다. 그리고 이제는 포털사이트 안에서 모든 것을 해결할 수 있는 규모로 성장했다. 결국 사용자가 많이 모이는 포털사이트들은 안정적인 수익으로 또 다른 서비스를 창출해내고, 또 다른 사용자를 끌어들이는 규모의 경제학을 이루고 있는 것이다. 그러나 대기업의 무한정한 자금 지원 속에서도 쉽게 살아남기 어려운 게 포털 시장이다. CJ가 두 손 들고 게임 사업에 집중하겠다고 전략을 수정한 것, KT의 전략적인 지원 속에서도 결국 문을 닫은 파란닷컴 등이 그 단적인 예라 볼 수 있다. 파란닷컴은 2012년 7월 31일 서비스를 종료했는데, PC통신 '하이텔'과 검색사이트 '한미르'를 통합해 문을 연 지 8년 만이었다.

네띠앙의 접속 마비 사태는 왜 막강한 자금력으로도 쉽게 포털 시장에 진입하기가 어려운지를 단적으로 보여준다. 대부분의 포털사이트 이용자는 자신의 손에 익은 포털사이트에서 쉽게 떠나지 못한다는 것이다. 다른 사이트와 중복해서 사용하게 된다고 하더라도 말이다. 네띠앙에서 메일과 홈페이지, 커뮤니티 서비스 등을 이용하던 사용자 중 다수가 당시 여전히 네띠앙을 떠나지 못했다. 편리함 때문이건 오랜 추억을 간직했기 때문이건 간에 신규 포털사이트가 진입하기에는 참 어려운 장벽으로 존재하는 것이다. 이러한 학습효과는 엄청난 광고와 마케팅으로도 넘기 힘든 문제이며, 이미 몇몇 대기업의 시장 진출 실패로 그 위력을 보여주었다. 중위권 포털들의 대주주가 자주 바뀌고 M&A설이 자주 흘러나오는 것도 바로 그런 이유라고 볼 수 있다. 충성스런 회원을 다수 확보한 포털사이트는 충분히 그 가치가 있다는 것을 인정하는 셈이다.

둘째는 1위의 프리미엄이 그 어느 업종보다 강하다는 점이다. 선두권 포털사이트와 중하위권 포털사이트의 차이는 단순히 페이지 뷰나 회원 수가 아니고, 현실적으로 벌어들이는 수익에서 발생한다. 즉 포털사이트를 운영하는 회사도 하나의 기업이기 때문에 원활하게 수익이 발생하지 못하면 신규 서비스를 런칭할 수 없게 되어 어느 순간 정체되고 마는 것이다. 포털 업체 중 시가총액 1위였던 부동의 포털 '다음'이 한게임과 지식검색으로 무장한 '네이버'에게 밀리기 시작한 것은 네이버와 한게임의 합병으로 NHN이 생긴 후, 게임서비스를 통해 엄청난 현금 수익이 NHN에 들어오기 시작한 때부터다. 많은 전문가들이 다음의 전략실패 중 하나로 게임시장 진출의 망설임을 지적한다. 캐쉬 카우 역할을 하는 게임시장에 늦게 진입한 것이 패착(敗着)이었고, 뒤늦게 보드게임시장에 뛰어들었으나 그 결과는 참담했다.

중독성이 강하고, 한번 손에 익으면 웬만해서는 이동하기 힘든 온라인게임시장을 초기에 장악한 NHN은 그 후 '지식검색'이라는 서비스를 뒤늦게 오픈했지만, 광고와 마케팅으로 포지셔닝(positioning)을 명확하게 한 덕분에 배너광고시장에서도 다음을 따돌릴 수 있게 됐다. 결국 게임과 검색에서 부동의 1위를 지키게 된 NHN은 현재 시가총액 수조 원에 달하는 굴지의 IT업체로 성장하게 된 것이다. 다음 역시 게임시장 진출에는 실패했지만, 적절한 분사를 통한 구조조정과 미디어 및 쇼핑 부분에 역량을 집중해 NHN을 넘어설 기회를 엿보고 있다. 하지만 드림위즈, 코리아닷컴, 프리챌 등 한때 인기 있었던 포털사들은 중위권을 형성하며 선두진입을 넘봤지만, 네이트 등에 밀리기 시작하며 제자리걸음을 하고 있다. 선두권 포털들은 해마다 매출 및 순이익이 성장하고 있으나, 이들 중위권 업체들의 매출은 오히려 줄거나 멈춰선 지 오래다. 몇몇 업체는 이미 대주주가 바뀌었고, 또 많은 중위권 포털들은 인수·합병설에 시달리고 있는 실정이다.

하루에도 전 세계에서 수백, 수천 개의 사이트가 생성된다. 하지만 이벤트로 역할이 끝나거나 홍보수단으로 가치가 소멸되면 또 그만큼의 사이트가 사라진다. 그러나 포털사이트는 다르다. 회원 개개인의 소중한 기억과 추억이 담긴 공간으로 생활의 일부분이 되었다. 따라서 단순한 사업수단으로서만 평가할 것이 아니라 이제는 사회적인 책임과 의무를 스스로 파악하고 서비스를 유지해야 할 것이다. 이미 그들은 충성스러운 회원들을 통해 오늘도 막대한 수익을 챙기고 있지 않은가? 포털사이트의 급성장은 서비스의 질적인 향상과 그들의 노력에도 기인하겠지만 결국 충성스러운 사용자들 때문이다. 사이트의 이용자들은 각 포털사에게 있어 소중히 관리해야 할 무형의 자산인 것이다.

검색 시장의 '롱테일 법칙'과 포털의 역할

전통적인 오프라인 시장의 경제 법칙 중에 '파레토의 법칙 (Pareto's law)'이란 것이 있다. 보통 '2080 법칙'이라고 불리는 이

법칙은 소수의 상위 20%가 하위 80%를 이끌어가는 비즈니스 현상을 말한다. 그러나 인터넷 사회에 접어들면서 이러한 법칙은 상당히 어긋나거나 정반대의 현상으로 흘렀다. 그 결과 '롱테일(The long tail) 법칙'이라는 새로운 법칙이 등장했다. 긴 꼬리의 다수 80%에 해당하는 적은 매출이 모여 상위 20%의 매출을 압도한다는 개념으로 '파레토의 법칙'과는 정반대다. 2007년 거래액 500조를 돌파한 인터넷 전자상거래에서 주로 나타난 이러한 현상은 최근 포털사이트의 검색 전략에서도 통용되기 시작했다. 롱테일 법칙은 한정된 데이터베이스 풀(Pool) 안에서 검색되는 결과물을 최대한 확장하고, 검색 서비스의 질적인 차별화를 꾀하기 위한 전략적 차원이라고 볼 수 있다.

네이버가 포털 시장을 장악하는 데 혁혁한 공을 세운 '지식IN' 같은 경우가 '파레토의 법칙'에 부합하는 예라고 볼 수 있다. 상위 20%의 인기서비스가 나머지 80%의 서비스까지 사용하도록 만들어 시너지 효과를 이끌어냈다. 큰 인기를 얻은 하나의 서비스가 다른 서비스까지 활용하도록 만드는 전통적인 효과인 것이다. 그러나 이러한 '지식IN' 서비스의 최고 전성기가 조금씩 지나면서 네이버는 새로운 전략을 구상하게 됐다. 더욱 정밀하고 세세한 검색 결과를 제공하기 위해 많은 포털들이 노력한 것이다. 그 와중에 공통적으로 접근하기 시작한 전략이 '롱테일 법칙'에 따른 전문적인 검색 DB의 확보다.

소수의 특정 집단을 면접진행자가 한 장소에 모이게 한 후, 비체계적이고 자연스러운 분위기에서 조사목적과 관련된 토론을 함으로써 자료를 수집하는 인터뷰 방식을 FGI(Focus Group Interview, 표적집단면접법)라고 한다. 이 방식의 사용자 집단 검색서비스 이용 행태 테스트를 통해 확인해보면 유행이나 뉴스 검색에 많은 이용자들이 국내 포털을 이용하고 있는 반면 논문이나 전문적인 학술지 등을 찾으려는 대학생, 대학원생, 직장인들은 외국 검색 사이트나 국회도서관 등의 특정 사이트를 이용하는 것으로 나타난다. 다시 말해 국내 포털사이트의 검색은 뉴스, 연예, 스포츠 등의 대중적이며 생명력이 짧은 정보들이 주류를 이루고 있는 흐름에 기인한다. 스타에 열광하는 젊은이들과 주식, 정치, 날씨 등에 민감한 일반인들의 검색 욕구가 상위 20%를 차지하며 하위 80%의 검색 횟수보다 높은 접속수를 보이고 있기 때문이다. 하지만 이러한 데이터베이스의 정보 제공자나 기업은 한정돼 있다. 대부분 국내 포털들에 공통적으로 제휴를 맺고 정보를 제공하기 때문에 검색 결과가 유사하거나 동일할 수밖에 없다. 그래서 경쟁사와의 차별화를 위해 새롭게 등장한 전략이 검색 서비스에 롱테일 전략을 적용한 전문자료 데이터베이스의 확보다.

일반 사용자들이 직접 찾지 않으면 잘 모르는 전문적인 자료들은 국공립기관에서 다양하게 구축해 직접 웹사이트를 통해 서비스하고 있다. 그런데 이 사이트들은 홍보와 접근성, 그리고 사용자들의 낮은 관심도로 인해 일부 이용자들만 사용하고 있는 실정이다. 대부분의 네티즌들은 논문에 관한 정보를 확인해야 한다고 할 때 국회도서관으로 접속해 쉽게 찾을 수 있다는 사실이나 '포장을 위한 종이끈'에 대해 국가가 지정한 KS규격을 찾으려면 어느 사이트로 접속해야 하는지 별 관심이 없다. 그러나 이러한 정보는 전문적인 자료획득을 목적으로 하는 네티즌들에게는 매우 절실한 정보다.

엄청난 정보의 홍수 속에 각 포털의 검색도 무수히 많은 정보를 쏟아내지만 전문적이고 비유행적인 정보들을 모두 갖고 있지는 못한 상황이다. 그래서 각 포털들은 데이터베이스에 대한 확보 및 연계 방안을 기획하고, 해당 기관이나 사이트와의 제휴를 통해 검색에 반영하기 위한 실무팀을 별도로 운영하고 있다. 네이버는 2012년 10월 현재, 학술자료 11,441,320건, 동향·연구보고서 1,555,695건, 특허/KS표준 5,839,561건 등을 제공하고 있다. 각 기관 연계를 통해 전문적인 검색 정보를 제공하고 있는 것이다. 또 네이버는 국회도서관, 건축도시연구정보센터, 고용노동부 등 다수의 기관에서 전문가들이 구축한 체계적인 정보를 검색에 반영하고 있다. 다음의 경우에는 2007년 하반기부터 본격적으로 전문자료에 대한 검색 반영을 시작했는데 한국문화콘텐츠진흥원, 교육과학기술부, 국가지식포털 등과 연계하고 있고, 점차 범위를 넓혀가고 있다. SK커뮤니케이션즈의 엠파스는 대법원 판례, 한국학, 특허청 등과의 연계를 통해 해당 기관의 자료를 검색에 반영했으며 네이트와 싸이월드에서도 동시 검색을 제공하다가 지금은 통합된 상태다.

전문성이 보장된 기관의 자료들 중에서도 일정 수준의 대중성을 지닌 데이터들은 각 포털과의 중복 제휴를 통해 어디서든 검색을 할 수 있도록 하고 있다. 두 군데 이상에서 검색이 가능한 것들에는 국회도서관 및 국립중앙도서관의 논문자료나 서지정보, 특허청의 특허자료 등 다수의 콘텐츠들이 있다. 온라인 서비스의 확장과 대국민 정보 제공 서비스를 위한 기관들의 요구사항, 포털의 전략이 맞아 떨어져 비교적 빠르게 검색에 연계되는 편이다.

국가 예산을 들여 제작된 자료들이나 보존가치가 높고, 쉽게 찾기 힘든 전문적인 콘텐츠들의 검색 연계 방안은 더욱 활성화되고 보편화되어야 할 것으로 보인다. 검색 서비스가 단순히 뉴스나 연예정보 위주로만 구성된다면 가치의 고급화나 차별화는 요원한 일이 될 수 있다. 따라서 포털사이트는 다양성을 지닌 고급정보 창구로 거듭나야 할 것이다. 진정한 정보란 지식으로서의 가치를 지니고, 다양한 분야의 학문에서 사용될 수 있는 콘텐츠라고 정의된다. 순간적인 유행이나 한 방향에만 치우친 정보의 검색이 아니라 다양성을 지닌 고급정보에 대한 손쉬운 유통창구로서의 역할을 기대해 본다.

소프트웨어의 미래 – SNS, 빅 데이터, 클라우드

미래를 이끌 소프트웨어는 무엇일까? 곳곳에서 발표되고 있는 유망기술들을 살펴보면, 최근 몇 년 간 시선을 끌고 있는 것들로 소셜 네트워킹 서비스(Social Networking Service, SNS), 빅 데이터, 클라우드를 들 수 있다. 우선 SNS부터 살펴보자.

미국 버락 오바마 대통령의 페이스북

오바마 대통령을 당선시킨 힘은 바로 SNS다. SNS를 통해 유권자와 커뮤니케이션하면서 한 나라의 대통령에 대한 지지율을 끌어올렸다는 얘기다. 나아가 실시간으로 주고받는 트위터(Twitter) 등도 삶의 양식을 바꾸고 있다. 6억 명이 이용하는 페이스북(Facebook)은 플랫폼으로 작용하며 비즈니스 모델로 발전하고 있다. 영화사 워너브라더스는 페이스북에서 결제를 진행한 후 영화를 볼 수 있도록 했다. 온라인 영화 콘텐츠의 새로운 채널로 SNS를 활용해보려고 검토하고 있는 것이다. 한편 IT 역사에 빠질 수 없는 전설의 전쟁 11선에서도 페이스북의 약진은 빠지지 않는다. 페이스북은 애초부터 1위가 아니었다. 원래 마이스페이스(MySpace)가 방문자 수는 가장 많았으나 페이스북에 역전 당했다. 「미래인터넷 산업 생태계 분석」에 따르면 SNS 중심으로 무료 서비스를 제공한 후, 소셜게임 등으로 수익을 올리는 프리미엄(Freemium, 무료+유료) 모델이 확대되고 있는 것도 최근의 특징이다. SNS는 수많은 데이터를 양산해 빅 데이터의 세계를 창조한다. 스위스에서 열린 다보스포럼에서는 '2012년 세상을 바꿀 신기술'의 첫 번째로 '빅 데이터 분석'을 강조했다. 정보통신산업진흥원도 2013년 IT이슈 1위로 빅데이터의 활용을 꼽았다.

전 세계 인터넷 사용자가 대략 20억 명이라고 한다. 모바일 폰이 46억 대이니 거기서 쏟아져 나오는 데이터의 양은 실로 어마어마할 것이다. 데이터의 양은 갈수록 증가해 현 시점에서 이를 측정하는 건 무의미한 일이다. 아이폰의 등장으로 SNS 활용에 제약이 없어졌고, 그 결과 빅 데이터가 남았다. 빅 데이터의 처리를 위해서는 분산 응용 프로그램을 지원하는 자유 자바 소프트웨어 프레임 워크인 하둡(Hadoop)이 있어야 한다.

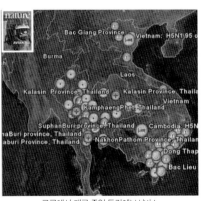
구글에서 제공 중인 독감예보서비스

구글은 빅 데이터를 활용해 '독감 트렌드'를 알려주기도 한다. 수많은 검색어 중에서 '독감' 관련 단어가 많이 등장하는 지역을 분석해 이미지화하는 것이다. 구글은 독감과 관련된 주제를 검색하는 사람 수와 실제 증상이 있는 사람 수 사이에 긴밀한 관계가 있다는 사실을 밝혀냈다. 그래서 검색어가 나타나는 빈도를 집계해 독감을 예측하고 있다. 이러한 결과는 「네이처」에 실리기도 했다.

IT시장 분석 기업 IDC(Internet Data Center)는 빅 데이터를 '다양한 종류의 대규모 데이터로부터 저렴한 비용으로 가치를 추출하고, 초고속 수집과 발굴, 분석을 지원하도록 고안된 차세대 기술 및 아키텍처'로 정의한다. IDC는 2015년에 빅데이터 시장이 약 170억 달러가 될 것으로 내다봤다. IT분야 리서치 업체 가트너(Gartner)는 빅 데이터를 '21세기의 원유'라고 비유하기도 했다. 미국은 이미 '빅 데이터 이니셔티브(initiative)'를 발표했다.

제타바이트(zettabyte)의 빅 데이터 시대에 필수는 데이터마이닝(Data mining)이다. 그 수많은 데이터를 어떻게 처리할 것인지에 대한 방법론이 필요한 것이다. 고려대학교 산업경영공학부 김성범 교수는 "컴퓨터, 기계공학, 전자공학 등 하드웨어가 발달하면서 데이터의 양이 급속도로 증가하기 시작했다. 데이터마이닝은 이런 방대하고 복잡한 데이터를 분석할 수 있는 현대적 의미의 데이터 분석이다"라고 말했다. 데이터마이닝은 신규 시장 진입 시 과거 데이터를 통해 주가나 판매를 예측하는 데 이용된다.

빅 데이터의 등장 배경에는 클라우드 컴퓨팅(Cloud Computing) 기술의 확산도 한몫 했다. RFID(Radio Frequency Identification) 등

정보감지 센서 장비의 이용 확대와 이로 인해 발생하는 정보수집 기술 클라우드 컴퓨팅의 확산이 모든 것에 대한 디지털 기록을 가능하게 해주고 있는 것이다. 아울러 빅 데이터가 가능해진 데는 저장 비용이 급격히 줄어든 까닭도 있다. 1980년대 초반에는 1GB의 정보를 저장하려면 약 10억 원이 필요했다고 한다. 그러다 2000년대 초에는 100원, 2012년에는 10원 이하로 떨어졌다. 웹 기반의 소프트웨어 서비스 클라우드 컴퓨팅은 세계 시장 규모가 80조 원을 넘어섰다.

클라우드 서비스는 사용자의 각종 데이터를 중앙에 위치한 서버에 맡긴 후 필요할 때마다 서버에 접속해 이용하는 개념이다. 클라우드 컴퓨팅으로 인해 데스크톱이 사라질 수도 있다는 조심스런 전망이 나오고 있다. 예를 들어 애니메이션과 특수영상을 제작하는 과정에서 개인컴퓨터로 작업을 할 때는 시간과 비용이 만만치 않게 들었다. 하지만 클라우드 컴퓨팅을 이용하면 서비스에 고용량 서버와 소프트웨어가 항상 구축돼 있어 필요할 때마다 다운받아 사용하면 되는 것이다.

그러나 정보기술평론가 안병도 씨는 클라우드 컴퓨팅으로 인해 데이터가 한 곳으로 집중되면 해커의 표적이 될 수 있다고 우려한다. 서비스 회사의 필요에 의해 본인의 데이터가 이동될 수 있다는 것이다. 또 데이터망에 매번 접속해야 하는데, 그게 불가능할 경우 어떻게 해야 할까? 이에 대한 해결책도 반드시 나와야 한다. 우리나라는 현재 클라우드법 제정을 시도하고 있다. 법 제정에 대해 보안상의 이유로 찬성하는 입장과 산업규제가 될 수 있다는 반대의 목소리가 동시에 존재한다. 이에 대해 미국 클라우드 전문업체에서 일하고 있는 박상민 연구원에게 질문을 해보았다. 혹시 미국에도 이와 관련한 규정이 있는지, 그리고 우리나라의 법 제정에 대해 어떻게 생각하는지를 물었다. 박 연구원은 단호히 법 제정은 절대 반대하는 입장임을 밝혔다.

미국에서 클라우드 관련 법안이 만들어졌단 이야기는 들어본 적이 없습니다. 다만 정부 부처별로 보안 가이드라인 정도가 있을 뿐입니다. 새로운 기술이 도래할 때 법으로 큰 틀을 규정해 버리는 것만큼 어리석은 일이 없습니다. 클라우드는 모바일과 함께 IT트렌드의 거대한 변화입니다. 아직 미국에서도 초기의 형태를 갖추어 나가면서 대기업, 스타트업(startup company)들이 서로 다른 아이디어, 기술, 비즈니스 모델을 가지고 실험하고 경쟁합니다. 즉 지금이 '혁신'이 이루어지고 있는 시기입니다. 그런데 혁신이 이루어져야 할 시기에 법으로 혁신의 범위를 정한다는 것은 정말로 어리석은 일입니다. 보안이 염려된다는 사실 자체도 기우입니다. 미국에서는 공인인증서, 인터넷뱅킹의 보안 등과 같은 일에 국가가 전혀 관여하지 않습니다. 보안 자체가 기술이고, 이를 잘 실천하는 회사가 시장에서 성공하기 때문입니다. 보안을 소홀히 하는 회사는 소비자가 시장에서 퇴출시키면 됩니다. 국가가 보안을 강요함으로써 오히려 기업들이 만들어낼 수 있는 보안 분야에서의 혁신마저도 막아버렸다고 생각합니다.

- 박상민 연구원의 인터뷰 답변 중에서

이번 장을 요약하면 다음과 같다. 애플의 스티브 잡스에 의해 PC시대, 포스트 PC시대가 열렸다. 잡스는 컴퓨터의 패러다임을 바꾸어놓았다. 마이크로소프트는 검색시장과 웹브라우저 경쟁에서 구글에 밀리고 있는 형국이다. 구글은 단순 검색을 넘어 문화를 창조하는 기업으로 거듭나고 있다. 한편 포털 사이트의 경쟁 속에서 회원에 대한 기업의 사회적인 책임, 그리고 다양성을 지닌 고급정보 창구로서의 역할이 강조되고 있다. 미래를 이끌어갈 소프트웨어의 중심에 SNS와 빅 데이터, 클라우드 컴퓨팅이 서로 밀접하게 맞물려 있다. 클라우드법의 제정으로 혁신을 가로막는 일은 없어야 할 것이다.

왜 소프트웨어인가

국내 소프트웨어산업은 솔루션보다는 SI(System Integration, 시스템 통합·구축)기반 구조다. 'IT서비스산업'이라고도 불리는 SI산업은 기업 또는 공공기관이 필요로 하는 정보시스템에 관한 기획, 입안에서부터 구축 및 실제 운용과 관련된 서비스를 제공하는 산업을 말한다. SI시장은 크게 IT컨설팅, 시스템 개발 및 구축, 시스템 운영 및 유지보수, IT교육으로 구분된다. 박상민 연구원은 대기업 주도의 SI산업은 한국만의 특이한 IT산업 형태라고 지적했다. SI산업 구조로 인해 혁신적 기술을 만들기 위해 필요한 자원 확보가 어렵다는 것이다.

박상민 연구원은 실제 다음과 같은 경험을 했다. 클라우드 플랫폼을 만드는 스타트업 회사(Eucalyptus Systems)에서 일을 하다가 한 번은 컨퍼런스에 참여하게 됐다. 바로 옆 부스에는 IBM이 자신들의 플랫폼을 선전하고 있었다. 그런데 나이 지긋한 한 사람이 자신들의 부스에 와서 기술을 자세히 묻고, 곧 회사와 비즈니스 계약을 추진했다. 알고 보니 그 사람은 IBM의 솔루션 그룹 부사장이었다. 규모면에서 스타트업 회사는 IBM보다 비교할 수 없을 만큼 작다. 하지만 스타트업 회사는 IBM보다 클라우드에 먼저 진출해 시장에서 더 유명했고, 기술적으로도 우월한 플랫폼을 만들었다. 이 때문에 대기업은 스타트업 기업들의 기술을 구매한다. 그 결과 스타트업 회사들은 지속해서 혁신적인 기술을 만들 자원을 확보하게 된다. 선순환이 이루어지는 것이다. 박 연구원은 "혁신과 기술의 우월성이 시장에서 성공의 잣대가 되어야 한다. 이 같은 결정으로 IBM의 솔루션 그룹은 시장에서 좀 더 혁신적인 기술을 도입해 자사의 솔루션 품질을 높일 수 있다"고 밝혔다.

한국의 소프트웨어산업은 대기업과 중소기업 간의 하도급 구조 문제가 심각해 이제야 '상생, 공생, 동반성장' 등과 관련한 정책을 수립하고 있다. 정부에서도 '동반성장위원회'를 운영하고 지수를 발표하는 등 많은 노력을 했으나 큰 성과는 없는 듯하다. 미국은 어떨까? 미국 IT업계는 철저하게 시장 원리에 따라 움직이기 때문에 기업 간 구조(서열문화)가 존재하지 않을 것으로 생각된다. 박상민 연구원은 "상생, 공생, 동반성장 등의 단어들이 이미 대기업이 돌봐주어야 살아남을 수 있는 중소 소프트웨어기업임을 암시한다"면서 "1960~70년대 산업화 시대의 그늘이 여전히 소프트웨어 시장에 드리워져있다고 생각한다"고 말했다.

소프트웨어 산업의 특징 중 하나는 시장의 변화가 대단히 빠르다는 사실입니다. 대기업들은 몇 년 사이에 스타트업들에 의해 붕괴되어(disrupt) 버립니다. 70년 역사의 HP(Hewlett-Packard)는 이미 10년 조금 넘은 VMware(가상화 소프트웨어를 공급하는 회사)에 의해 기업시장에서 추월당했습니다. VMware는 이어 저희와 같은 클라우드 스타트업 회사에 의해 무너지지 않으려 안간힘을 쓰고 있습니다. 작은 소프트웨어 회사는 큰 기업에 비해 신속성의 강점이 있습니다. 아무 것도 없이 시작하지만, 새롭게 떠오르는 시장을 정확한 눈으로 바라보고 소프트웨어를 만들기 때문에 대기업이 시장을 알아차렸을 때는 이미 새로운 기술이 시장의 대세로 확립되고 난 이후입니다.

얼마 전 한창 떠오르고 있는 '박스(Box)'라는 클라우드 회사 CEO가 이런 말을 한 적 있습니다. "스타트업은 시장에서 불공평한 이점을 가지고 있다." 이는 느릿느릿한 공룡 대기업들보다 자원이 적은 스타트업이 더 빠르게 시장을 장악해 나간다는 의미입니다. 이런 상황은 꼭 미국이어서가 아닙니다. 적은 수의 인원, 자원만으로도 빠른 속도로 혁신을 만들어낼 수 있는 것이 소프트웨어의 내재된 특성입니다. 그 내재된 특성이 한국에서 발휘되지 않는 것은 시장의 원리(혁신, 기술의 우월성)로 기업이 성장하는 것이 아니라 대기업의 밀어주기, 서열문화와 이에 따른 불공정한 가격책정, 뛰어난 인재들이 대기업에만 몰리는 현상들 때문입니다.

– 박상민 연구원의 인터뷰 답변 중에서

이와 관련해 한국정보화진흥원 「경제사회 발전을 이끄는 IT 생태계 전략(제19호, 2011. 12. 2)」에서는 우리나라 IT생태계의 문제점을 진단했다. 즉, 동반성장을 넘어 종합성장 전략이 필요하다는 것이다. 한국정보화진흥원 주윤경 선임연구원은 "IT생태계 이슈가 '동반성장' 혹은 '상생협력'을 통한 대기업과 중소기업의 건전한 이해관계 형성에 쏠리는 경향이 있다. 대기업과 중소기업의 관계, 즉 강자가 약자를 돕거나 정부가 부족한 부분을 지원해 주는 역할에만 초점을 맞춰 광범위한 생태계 조성의 한계에 직면했다"고 밝혔다.

이에 따라 폐쇄적 시장에서 개방형 시장으로 변하는 시장의 변화 흐름을 반영해 '개방적 혁신'이 가능한 IT생태계의 조성을 모색할 필요가 있다. 정부의 역할은 동반성장, 상생협력을 위한 정책적 지원의 한계를 넘어야 한다. 특히 IT생태계를 구성하는 요인이 연계·통합되어 새로운 가치를 창출하고, 스스로 생태계 조성력을 키울 수 있도록 에코시스템 활성자의 역할을 수행해야 한다는 것이다.

한편 동반성장은 대기업의 참여제한과 동전의 양면성을 갖는다. 헤비급과 라이트급이 같은 링 위에서 대전할 수는 없다. 대기업의 공공정보화 사업 입찰참여 자격을 제한함으로써 중소전문기업들이 설 땅을 마련하려는 것이다. 참여제한 고시는 애초 마련될 당시부터 대·중소기업간 의견 일치를 보이지 못했다. 참여제한 하한 액수는 점점 상향 조정돼 지금에 이르렀다. 그런데 이에 대한 조치를 더욱 강화하려는 정부의 의지가 등장하게 된다.

동반성장과 참여제한은 동전의 양면

2011년 10월 말 지식경제부는 '공생발전형 소프트웨어 생태계 구축 전략'을 발표했다. 전략의 핵심이슈는 단연 '상호출자제한기업집단 소속 기업의 공공 SI시장 참여 전면 제한'으로 기본방향은 다음과 같다.

▷ IT 서비스 : 공공부분 대기업 참여 제한 등을 통해 대기업 중심의 시장 질서를 전문·중소기업 중심으로 전환
▷ 패키지SW, 임베디드SW : 인재양성, R&D체계 개선, 융합 확산 등을 적극 모색해 핵심경쟁력 제고

이에 따라 대형 IT서비스 기업들은 해외수출을 적극 모색하고, 신사업 분야 발굴을 위해 분주한 모습이다. 그리고 2012년 5월, 소프트웨어산업진흥법 개정안이 통과됐다. 기본취지는 전문 중소 소프트웨어 기업들을 보호·육성하고, 대기업들은 국제경쟁력을 갖도록 하자는 게 골자다. 국내시장의 규모는 한계

가 있으니 해외에 나갈 수 있는 면역력을 키우자는 것이다. 그동안 공공정보화 사업에서 대기업과 중소기업 간 하도급 체계로 인해 여러 폐해들이 지적됐다. 과업 추가와 대금지연, 인력 빼가기, 지식재산권 탈취 등으로 인해 튼실한 강소기업 육성에 한계가 있었다.

지식경제부 고시(제2012-87호)에 따라 '대기업인 소프트웨어 사업자가 참여할 수 있는 사업금액의 하한'이 정해져 있다. 매출 8,000억 원 이상 대기업은 80억 원 이하, 매출 8,000억 원 이하 대기업은 40억 원 이하 소프트웨어사업에 참여할 수 없도록 했다. 소프트웨어산업진흥법 개정안은 이를 한층 강화해 사업금액에 상관없이 상호출자제한기업집단에 속하는 IT서비스 기업의 참여를 제한하려는 것이다. 2012년 4월 공정거래위원회 집계에 따르면 63개 상호출자제한기업집단이 1,831개의 회사를 거느리고 있다.

하지만 대기업 역량이 필요한 공공정보화 사업의 경우가 존재한다. 사업수행에 따른 위험도가 높거나 사업금액이 매우 커 중소기업이 감당하기 힘든 사례다. 예를 들어 전 국민의 주민 번호와 주소를 관리하는 시스템을 사업금액 500억 원으로 업그레이드한다고 치자. 이 사업수행을 위해서는 우리나라 지역과 주소체계, 주민번호와 주소를 연계한 통계데이터 추출 방법, 개인정보 보호 등 신경 써야 할 게 한두 가지가 아니다. 사업 자체의 어려움도 문제지만 사업 도중 발생할 수 있는 위험을 감당하는 것도 쉽지 않다. 이러한 사업들에까지 대기업 참여제한이 된다면 문제가 발생할 수 있다. 이 때문에 대기업 참여제한에 예외규정을 두어 일부 사업에 대해 대기업이 참여할 수 있도록 할 방침이다.

이전에도 대기업 참여제한에 대한 예외규정이 있었으나 이번에는 좀 더 구체적으로 적시한다. 또 한편으로는 발주처의 요구사항 상세화(RFP)나 20억 원 이상 공공정보화 사업에 프로젝트 관리조직제도(PMO)를 도입하려는 노력이 병행된다. 과업의 상세정보를 제공하고, 프로젝트를 전문적으로 관리하도록 해 중소기업의 사업수행 역량을 제고하려는 것이다. 이를 위한 예산도 뒷받침되어야 한다.

국방, 외교, 치안, 전력 등 국가 존립과 국민생활 안녕에 영향을 미치는 사업에도 대기업 참여를 허용한다. 아울러 해당사업의 품질보장, 신뢰성 확보가 어려운 사업, 시스템 통합대상이 광범위하거나 복잡도가 높아 다수의 시스템과 연계와 통합이 요구되는 사업, 해당 기술 보유 사업자가 대기업밖에 없거나 글로벌 경쟁력 제고에 영향을 줄 수 있는 새로운 기술 적용의 경우에도 대기업 참여를 허용코자 한다. 이러한 범주 또한 애매모호한 부분이 있어 각 사업의 특성을 고려해 심의할 수 있는 심의위원회가 구성돼 판단을 할 예정이다. 이에 대한 고시안이 의견수렴을 거쳐 시행된다.

소프트웨어산업진흥법 개정과 이에 따른 고시안에 대해 업계의 의견은 분분하다. 대기업, 특히 상호출자제한기업집단 소속 기업들은 예외범위를 어떻게든 늘려야 한다는 입장이다. 또

융·복합형 사업, 전자정부 사업을 포함시켜야 한다고 주장하고, 중소기업은 법 개정 취지에 맞게 예외사업을 최소화해 전문기업들을 육성해야 한다고 이야기한다.

참고로 조달청에 따르면 공공IT 시장규모는 6.2조 원에 달한다. 2011년 국내 IT시장 18.6조 원의 33% 수준이다. 조달청은 이중 1.9조 원을 대행 집행했다. 또한 2011년 4%의 대기업이 조달 IT시장 40%를 독식했다. 대기업 참여 허용사업에서의 대기업 수주율은 70%로 집계됐다. 나머지 96%에 달하는 1,566개 중소업체는 60%를 차지했다. 중소기업 업체별 연평균 수주 규모는 겨우 7억 원 수준이다.

파이의 성장 〉 파이의 재분배

대·중소기업 간 관계개선 즉, 공생전략은 가히 소프트웨어 산업에 국한되지 않는다. SSM(super supermarket), 대형 프랜차이즈 빵집과 외식업체 때문에 골목상권이 어려움에 봉착해 있다. 대선 주자들의 정책공약 중 하나가 이러한 골목상권을 지키는 데 초점이 맞춰져 있는 이유다.

전국경제인연합회가 발표한 '대기업 규제 현황'에 따르면 대기업은 공정거래법, 하도급법 등 34개 법률과 시행령상 84개 규제를 받고 있다. 대기업 규제에 대해 유형별로 분석해보면 기업의 규모에 근거한 규제(상호출자제한기업집단 지정 제도, 지주회사 제도 등), 사업참여의 기회 자체를 제한하는 규제(건설업 도급순위 제한, 지상파방송사 지분소유 제한 등), 과잉·중복 규제(상근감사·준법지원인, 각종 공시 의무 등)으로 구분된다. 소프트웨어산업 진흥법개정안은 이중 첫 번째, 두 번째에 해당한다.

「KDI FOCUS(통권 제21호)」에서 이재형 KDI(한국개발연구원) 전문위원은 "우리나라 대·중소기업 문제는 시장경제의 부작용이라기보다는 시장경제의 미성숙에서 비롯된 면이 적지 않다. 대·중소기업 관계 정책은 모든 기업이 스스로의 역량을 최대한 발휘하게 하여 산업 전반의 효율성을 향상시키고, 동태적 경쟁과정에서 국가경제 및 산업이 상승적으로 발전할 수 있도록 하는 데 초점이 맞추어져야 할 것"이라고 밝혔다. 대기업이 중소기업에 대해 시혜적으로 접근하기보다는 대·중소기업이 각각 이윤동기 토대 위에서 공생해야 한다는 뜻이다. 아울러 중소기업의 취약한 교섭력을 향상시키기 위해서는 정부가 노력해야 한다고 지적한다.

덧붙여 이재형 위원은 "내수형 산업의 경우 시장규모는 제한되어 있을 수밖에 없다. 여기에 정부가 어떤 형태로든 정책적 개입을 하게 되면, 당해 산업의 파이를 키우기보다는 사업자 간의 파이의 재분배만을 초래할 가능성이 커진다"고 적었다. 소프트웨어산업의 관점에서 봤을 때 파이의 재분배보다는 파이의 성장이 절대 필요하다. 양적 팽창이 질적 성장을 좌우한다. 대기업 참여제한 정책이 자칫 파이의 재분배로 흘러서는 안 될 것이다. 대기업의 해외진출이 더욱 절실한 시점이기 때문이다.

소프트웨어산업에서 대기업의 참여제한은 이제 돌이킬 수 없다. 그동안 불거져온 대기업과 하도급 간의 악순환 구조를 끊기 위한 극약 처방이지만, 이러한 정책이 나올 수밖에 없었던 배경을 알아야 한다. 산업발전과 기업의 성장은 누가 뭐라 해도 경제성장을 위한 필요충분조건이다. 문제는 대기업 자체에 대한 부정이 아니라 대기업의 구조적 문제점을 돌이켜보아야 한다는 점이다. 이와 관련해 안철수 원장은 "대기업 자체가 아니라 대기업의 의사결정 시스템이 문제"라는 점을 강조했다.

안철수 원장은 대·중소기업의 동반성장에 대해 세 가지 측면에서 필요성을 강조했다. 첫째, 안정성이다. 대기업과 중소기업의 동반 육성은 국가경제의 리스크를 낮춘다. 둘째, 일자리다. 대기업 일자리 창출에 한계가 있기 때문에 중소기업을 통해 일자리를 창출해야 한다. 셋째, 경쟁력이다. 벤처기업으로부터의 새로운 아이디어 제공이 혁신의 열쇠라는 뜻이다. 아울러 안철수 원장은 대기업과 중소기업이 공생하는 사업파트너로서 경쟁력을 키워야 한다고 강조했다. 중소기업이 성장해야 대기업 역시 더욱 발전할 수 있다는 것이다. 말 그대로 '동반'해서 '성장'하기 위해 파트너십이 절실하다. 그래서 안 원장은 특정기업과의 독점계약, 단가 후려치기 등을 극복해야 중소기업들의 지속적 연구개발(R&D)이 가능할 것임을 언급했다.

반면 필자가 사석에서 만난 한 대기업 관계자는 대기업 입장에서 느끼는 바를 들려주었다. 정부의 여러 동반성장 정책에도 불구하고 실제로 협력업체 기술개발자들이 느끼는 체감도는 낮다는 것이다. 대기업 나름 최선을 다해 동반성장 정책을 펼치고 있지만 현장에까지 전파되지 못하고 있다. 물론 이러한 사례는 소수에 불과할 것이다. 하지만 몇몇 중소기업 대표들의 나쁜 행태로 인해 국가 차원의 동반성장 기조가 흐려져서는 안 될 것이다. 안철수 원장은 대기업의 사회적 책무가 중요하다고 강조하면서 이와 동시에 중소기업의 노력이 필요하다고 말했다.

중소기업 입장에서도 노력이 필요한데요. 중소기업끼리의 과당경쟁 문제도 심각합니다. 경쟁력이 없는 한계기업, 즉 '좀비 기업'이 퇴출되지 않고 덤핑에 나서면서 경쟁적인 덤핑으로 가격구조가 와해돼 모두가 손해를 보는 일이 많아요. 국가에서 기계적으로 지원하는 자금이 경쟁력을 망치는 요소가 되기도 하고요. 업계 전체적인 합의 속에 거래 질서를 바로잡는 노력을 해야 합니다. 중소기업 내부의 구조조정도 필요하고요. 또 중소기업 경영자들이 실력을 기르기 위해 치열하게 공부해야 합니다. 이와 관련해서 대기업에서 많은 경험을 쌓은 유능한 경영자들이 은퇴 후 중소기업 경영자를 멘토링해서 지식과 경험을 지원할 수 있도록 하는 제도도 활성화됐으면 좋겠습니다. 정부는 불공정거래 관행을 단호히 뿌리 뽑아야 합니다. 공정위의 전속고발권을 재검토하는 등 감독시스템을 강화해야 하고, 연구개발예산이 투명하게 집행되도록 관리를 강화해야 합니다. 우리나라에서 창업이 어려운 이유 중 하나가 대표이사 연대보

증제 때문에 실패한 기업인의 재기가 어렵게 되어 있기 때문인데요. 실패의 경험이 사회적 자산으로 활용될 수 있도록 금융제도도 개선해야 합니다.

– 『안철수의 생각(김영사, 2012)』 중 p.128~129

요컨대 대기업과 중소기업의 공생발전을 위해서는 시혜적 관점보다는 경제민주화의 관점에서 공정거래 질서 확립에 초점을 맞춰야 한다. 대기업만의 노력으로는 동반성장을 절대 이룰 수 없기 때문에 중소기업 역시 발군의 노력을 기울여야 한다. 기술의 우월성을 통한 혁신을 이루기 위해서는 산업생태계의 선순환 구조가 필요하다. 특히 소프트웨어의 산업 규모를 키워 질적 성장을 모색해야 할 것이다. 한편 대기업 참여제한은 대·중소기업 간 동반성장을 위한 동면의 양면이다. 이 둘이 지향하는 바는 소프트웨어산업의 양적·질적 성장일 것이다.

특허전쟁에서 살아남기 위하여

2012년 10대 뉴스 중 하나는 분명 애플과 삼성전자 간 특허분쟁일 것이다. 특허소송은 향후 IT업계를 주름 잡기 위한 특허전쟁이라며 연일 대서특필되고 있다. 특허소송이 기술혁신을 방해할 것이라는 전망도 나온다. '아이폰5' 출시와 함께 세기의 특허분쟁은 더욱 주목을 끌고 있다. 소송에 걸린 액수만 봐도 보통 소송은 아닌 듯하다. 미국 캘리포니아주 새너제이

애플과 삼성의 특허소송에 대한 배심원단 평결 후
기자들의 질문에 답하고 있는 애플 측 변호인

(San Jose) 법원의 1조 2천 억 원 배상 판결과 더불어 애플이 추가 배상요구를 하면서 액수는 더욱 늘어났다. 전 세계 9개국에 걸쳐 진행 중인 이번 특허 전쟁은 '디자인'과 '유틸리티' '무선통신 기술' 등으로 요약된다. 과연 기술의 관점에서(디자인 포함) 특허의 경계는 어디까지로 봐야 할까?

특허 전문가들조차 소프트웨어 관련 특허 소송에서 과연 어디까지가 특허인지 선을 긋기가 쉽지 않다고 말한다. 특정 소프트웨어가 나오면 여기에 토대를 두고 다른 소스코드를 만들고 개선해 또 하나의 새로운 소프트웨어가 생겨나는 게 정보통신 업계의 관행이기 때문이다. 마이크로소프트가 소스코드 공유를 통해 전 세계 개발자들에게 기술혁신을 주문하거나 구글이 개발자들에게 동기를 부여하는 디벨로퍼즈 사이트(https://developers.google.com)가 그러한 예다. 이토 조이치(Itou Jouichi) MIT 미디어랩 소장은 "소프트웨어 분야는 변화가 너무 빠르고 혁신 비용이 낮아서 특허는 불필요하다"고 말한 바 있다. 특허가 혁신을 촉진하기 위해 만들어졌는데 오히려 이에 들어가는 비용이 많아 거대 기업들에게 유리한 방향으로 흘러간다는 뜻이다.

특허청에 따르면 우리나라는 1979년 세계지식재산권기구

(WIPO)에 가입했다. 그리고 다음 해에는 지적재산권 협약인 파리협약(Paris Convention), 1984년엔 특허협력조약(Patent Cooperation Treaty)에 가입했다. 특허를 뜻하는 영어 'Patent'는 원래 '공개'라는 뜻이다. 14세기 영국에서 특허권을 부여할 때는 개봉된 상태로 특허증서를 주었다. 1594년엔 갈릴레오의 양수, 관개용 기계에 대한 특허가 주어졌다고 한다. 특허제도는 '기술공개의 대가로 특허권을 부여'함으로써 산업발전을 꾀하려는 데 목적이 있다. 여기서 공개에 주목할 필요가 있다.

이원재 한겨레경제연구소장은 이번 특허소송을 위해 들어간 비용을 지적하며 '지식'이 아닌 '재산'에 방점이 찍혔다고 지적했다. 그는 "특허란 원래 기술 공유를 촉진하려고 고안된 제도다. 특히 변화가 빠른 소프트웨어 등 무형의 분야는 특허가 혁신을 촉진하기보다 지체시킬 가능성이 높다"고 밝혔다. 기술사용자 입장에서만 보았을 때 혁신의 지체는 달갑지 않다.

세기의 소송, 그 중심에 소프트웨어가 있다

애플은 디자인, 하드웨어, 소프트웨어, 플랫폼 비즈니스에서 창의적 혁신을 일궈왔다. 그런데 패스트 팔로워(fast follower)들이 애플의 아이디어를 훔치려고 한다. 소송은 이러한 배경에서 시작됐다. 애플은 이미 마이크로소프트와 소송을 벌인 바 있다. 마이크로소프트가 그림 위주의 운영체제(GUI)를 도용해 윈도(Windows)를 발전시켰다는 것이다. 하지만 애플은 소송에서 패했다. 또 애플은 구글의 안드로이드가 iOS를 베꼈다고 생각했다. 그런데 삼성전자가 안드로이드를 탑재한 스마트폰으로 승승장구하고 있으니 문제는 더욱 커질 수밖에 없다.

이번 애플과 삼성전자 간 세기의 소송은 '디자인'과 '소프트웨어'가 핵심이다. 그중에서도 소프트웨어 특허 3건에 대해 배심원들은 애플의 손을 들어줬다. 유틸리티 특허는 유저 인터페이스(UI)·경험(UX)에 대한 소프트웨어 기술특허다. 이는 아이폰 사용자 환경과 연관된다. 스마트폰에서 화면 끝까지 내려가면 튕기는 기술(Bounce Back), 한 손가락으로 화면을 올리고 두 손가락으로 화면을 확장하는 기술(Finger to zoom), 화면을 두 번 두드려서 확대하거나 돌아가는 기술(Tap to zoom) 등이다. 삼성전자는 해당 특허에 대해 소프트웨어를 업그레이드하겠다는 전략을 갖고 있다. 일종의 우회 기술을 적용한다는 것이다. 미국 특허청에 따르면 삼성전자는 특허분쟁 피소를 가장 많이 받은 기업이자 지적재산권 소송을 제일 많이 낸 기업으로 조사됐다. 2012년 3월 26일 총 43건을 받았고, 총 9건을 제기했다. 한편 미국 국제무역위원회(ITC)에 제소된 특허 관련 소송 중에도 IT 분야가 가장 많은 것으로 나타났다. 세기의 소송, 그 중심에 소프트웨어가 있다.

하지만 이번 소송은 미국 기업 보호를 위한 판결이었다거나 혹은 배심원들의 전문성이 떨어졌다는 지적도 받는다. 배심원 판결의 특성을 충분히 파악하지 못해 소송에서 졌다는 시각도 존재한다. 혹은 적당히 로열티를 주고 문제를 해결하자는 분석도 제기된다. 장기적으로 인력 양성을 통해 소프트웨어 경쟁력을 키우고, 독자적 플랫폼 개발을 해야 한다는 주장은 공통이다. 구글은 모토로라를 인수하며 1만 7,000여 개의 특허를 함께 접수했다. 125억 달러나 들여가며 모토로라를 인수한 이유는 무엇일까? 소프트웨어의 중요성을 간파한 것이다. 구글 역시 수많은 특허소송에 휩싸인 바 있다. 특허전쟁에서 이기기 위해 특허를 사들인 셈이다. 구글은 소프트웨어산업의 헤게모니(hegemony)를 장악하기 위한 진지전에 돌입했다.

최근 필자가 만난 한 웹 기획자는 애플과 삼성전자의 기업 역사를 돌아봐야 한다고 말했다. 특히 그는 디자인에 일관성 있게 공을 들여온 부분을 지적한다. '애플' 하면 디자인이다. 디자인에 소프트웨어까지 더해져 사용자들의 마음을 훔치고 있다. 어느 때는 시장조사 없이 디자인의 혁신을 향해서만 돌진하기도 한다. 따라서 애플의 철학은 '디자인'이다. 동양대 진중권 교수는 "애플 사용자들은 미니멀리즘의 미학을 구현한 자신의 기기가 남들 눈에 보이기를 간절히 원한다"고 했다. 그 기기가 심지어 고장난 이어폰이라고 해도 말이다.

삼성전자의 철학은 무엇일까? 세계적 기업, 국부를 창출하는 기업, 일 많이 하고 잘 하는 기업 등 기업 자체에 대한 이미지는 많지만 그 무언가가 없다. 회장단에서는 소프트웨어를 강조하며 소프트웨어 관련 투자를 많이 하고 있다. 하지만 벼락치기 공부, 암기 위주의 학습은 한계에 봉착하기 마련이다. 이번 특허소송의 홍역을 치르며 삼성전자의 기업전략이 좀 더 먼

미래를 향하는 계기가 되었으면 좋겠다.

창의적 문화 속에서 꽃피는 소프트웨어

2008년 2월 29일 정부조직법 개정에 의해 정보통신부가 역사의 뒤안길로 사라졌다. 당시 많은 사람들의 우려와 걱정이 있었다. 정보통신부의 역할은 지식경제부, 행정안전부, 문화체육관광부, 방송통신위원회로 각각 분산됐다. 행정안전부는 정부통합전산센터 운영 및 정보보호, 방송통신위원회는 방송·통신산업 규제 및 진흥, 지식경제부는 소프트웨어 및 IT기기산업 진흥, 우정산업 진흥, 문화체육관광부는 콘텐츠·미디어산업 진흥을 각각 맡았다.

2009년 11월 10일엔 IT정책 컨트롤타워로서 국가정보화전략위원회가 출범했다. 10대 국가정보화전략 분야를 설정하고 스마트워크 활성화 전략, 스마트 교육 전략 등 다양한 국가정보화 전략을 수립하기 위해서였다. 하지만 전문성 부족, 분산된 IT정책 추진 체계로 인해 제 역할을 하지 못했다. 이 때문에 강력한 리더십을 가진 정보통신기술(ICT, Information & Communication Technology) 통합형 독임제 부처가 필요하다는 지적이 나온다. 여러 부처에 산재돼 있는 ICT 정책을 조정할 수 있는 상위 거버넌스(governance)의 조정 체계가 필요하다는 것이다.

한국행정학회 주최로 2012년 6월 29일 열린 '스마트 클라우드 컴퓨팅 시대의 IT정책지원체계 기획세미나'에서 한국과학기

숭원 권영선 교수는 IT정책 지원체계 개편의 준거기준을 제시했다. 그중에서도 '집중형 컨트롤 타워가 아닌 IT 정책 조정체계 필요' '개별 부처의 IT역량 강화 추진' '규제와 진흥의 분리'를 특히 눈여겨 볼만하다. 차기 정부에서는 분명 IT정책을 관장한 새로운 부처 혹은 새로운 거버넌스가 구축될 전망이다. 따라서 그 후에도 계속해서 이 세 가지 측면에서 IT거버넌스를 돌아봐야 한다.

『애플 쇼크』의 저자 김대원 씨는 '실(室)'의 위상이었던 소프트웨어진흥단이 '과(課)'로 격하돼 소프트웨어진흥사업에 힘이 실리지 못했다고 지적했다. 소프트웨어산업에 종사하는 많은 사람들이 정보통신부의 해체와 기능 분산으로 인해 작금의 여러 문제점들이 터졌다고 분개한다. 컴퓨터 과학이나 소프트웨어를 직업으로 삼는 건 '4D(3D에 Dreamless를 추가)'로 전락했다. 학계에서는 24시간 ICT를 고민할 전담부처를 만들자거나 'C(콘텐츠)-P(플랫폼)-N(네트워크)-D(단말기)'를 총괄할 집중형 거버넌스가 필요하다는 게 중론이다.

반면 세미나에 토론자로 참가한 경기대 최성호 교수는 5년 전 정부조직 개편으로 IT산업이 약해졌다는 건 어불성설이라고 지적했다. 개발도상국에서나 독임제를 시도하고 있다는 것이다. 또한 수원대 오영균 교수는 집중형 거버넌스로 돌아가면 정보통신부가 있을 때 발생했던 여러 문제점들이 다시 거론될 것이라고 전망했다. 그는 컨트롤 타워의 제대로 된 작동이 더 중요하다고 강조했다. 한국경제신문 안현실 논설위원은 전담부처 논의 자체가 후진적 발상이라고 일갈했다. 그는 조직개편보다 소비자 중심의 IT정책이 필요하다고 제언했다. 정보통신부의 부활을 통해 빠르게 변화하는 소프트웨어산업의 흐름을 간파하고 대응할 수 있을까? ICT를 총괄할 강력한 부처가 필요한 것일까? 분산화에서 집중화, 중복규제 탈피, 규제와 진흥의 분리 등이 핵심사항이지만 이에 대해 한편에서는 우려를 표하기도 한다.

미국은 연방통신위원회(FCC)나 상무성이 통신서비스를 관할하고, 관리예산처(OMB)에서 정보화 관련 업무를 담당하고 있다. 한국과 미국에서 각각 일한 경험이 있는 개발자 박상민 연구원에게 소비자나 기술혁신, 산업발전의 측면에서 바람직한 정책은 무엇이라고 생각하는지 물어보았다. 그의 대답은 "서비스 제공자와 사용자들에 의해 산업생태계가 변할 것이기에 정부 주도의 정책은 무의미하다"로 요약된다.

현재 시장의 추이는 어플리케이션과 서비스가 통신망을 주도하는 형국입니다. 즉 애플과 구글이 통신 사업자에 대해 갑의 영향력을 행사한다는 사실입니다. 한국이 주도했던 진흥, 규제 핵심은 통신사업과 기술에 대해 정부가 방향을 정하면 기업이 이를 실천해가는 형식이었습니다. 즉 통신망과 이를 가능케 하는 전자, 낮은 레벨의 소프트웨어 기술 표준을 정부가 정해왔습니다. 그런데 이제는 결정권의 주체가 서비스와 어플리케이션을 만드는 회사들, 서비스 사용자들로 바뀌었습니다. 정부가 표준 A를 결정한다고 해서 시장이 이를 더 이상 따르지 않는다는 의미입니다. 구글이나 애플, 혹은 떠오르는 서비스(페이스북 등)가 표준 B를 지지할 경우 정부의 결정은 유명무실해질 수밖에 없습니다. 예를 들어 한국의 카카오톡(Kakao Talk)이 KT나 정부 부처보다 기술 정책에 더 큰 영향력을 행사하는 시기가 미국처럼 곧 찾아올 것이라는 사실입니다.

어떤 측면에서 정부는 기술을 통합시키고 싶어 하는 게 기본 성격이라면, 현재 히트하는 서비스나 어플리케이션은 우연의 산물이라고 보여집니다. 수백 수천 개의 서비스, 어플리케이션 아이디어 중 한두 가지가 이제는 IT 시장을 바꿔버리는 시기라는 의미입니다. 그래서 정부가 IT를 한 방향으로 정렬시키려는 사고는 사라져야 합니다. 반대로 다양한 아이디어를 시도하고 싶어 하는 개발자, 서비스 기획, 스타트업 시장을 활성화시켜 시장의 '우연성'을 증가시키는 데 주력하는 것이 정부의 바른 정책이라 생각합니다.

– 박상민 연구원의 인터뷰 답변 중에서

좋은 정책에 따라 반드시 좋은 산업이 나오는 건 아니다. 창의적 아이디어가 맘껏 펼쳐질 수 있는 스타트업 시장이 꿈틀거리는 게 중요하다. 소프트웨어는 창의성에 좌우된다. 그 창의성은 문화 안에서 꽃피울 수 있다. 실패를 두려워하지 않고 다른 생각이 용납되는 문화! 그러한 문화 속에서 기술이 탄생할 것이다. 기술은 산업으로 연결되고 부가가치를 창출한다.

하루가 다르게 변화하는 산업생태계를 정부가 나서서 이끌어가기는 쉽지 않다. 모든 정책과 제도를 정부 부처에서 관할하는 것 역시 무리수가 있다. 그럼에도 불구하고 전체 IT시장의 1/3을 차지하는 공공영역에서 분명 역할은 필요하다. 그 역할이란 전체 산업생태계에 온기를 불어넣는 차원이다. 이런 측면에서 새로운 정부의 IT거버넌스는 선택과 집중을 통해 선도자보다는 조정자로서 제도보다는 문화에 초점을 두고, 성공과 더불어 실패를 용인하는 방향으로 흘러가야 할 것이다.

이번 장을 요약하면 다음과 같다. 대기업과 중소기업의 관계 개선을 위해서는 한 쪽의 일방적인 시혜적 관점이 아니라 균형적인 노력이 필요하다. 동반성장과 대기업 참여제한은 동전의 양면이다. 소프트웨어산업 규모를 키워 질적 설장을 도모해야 한다. 애플과 삼성전자 간의 세기의 소송, 그 중심에는 소프트웨어가 있다. 소프트웨어 분야 중 특히 특허는 기술혁신을 저해 한다. 애플의 철학은 디자인인데, 삼성전자의 철학은 딱히 없다. 소프트웨어는 창의적 문화 속에서 꽃을 피운다. 새로운 IT거버넌스는 선도자보다는 조정자 역할을, 제도보다는 문화에 초점을 맞춰야 할 것이다.

꿈을 향한 '4D(For a dream)'의 소프트웨어

2006년 6월 취재 차 필자가 모 대학을 방문한 적이 있다. 거기서 노준형 전 정보통신부 장관은 '정보통신 정책방향'이란 주제로 강연을 했다. 그는 "IT 839 전략을 수정해 소프트웨어 분야를 육성할 것"이라 말했다. 'IT 839'란 8대 서비스와 3대 인프라 및 9대 신성장 동력으로 한국의 IT산업을 총체적으로 발전시킨다는 발전계획이었다. 이날 나온 얘기 중 하나는 '소프트웨어 제값 주기'를 위한 정책을 추진한다는 것이다. 공공영역에서부터 가격 덤핑 등 문제 해결을 위해 노력하겠다는 뜻이다.

하지만 6년이 지난 2012년 현재, 정부는 여전히 '소프트웨어 제값 주기'를 위한 정책을 수립 중이다. 정책이라는 것이 지속적으로 다듬고 방향을 수정해야 한다고는 하지만 관련 종사자들이 느끼는 체감도는 현저히 낮다. 소프트웨어산업의 악순환은 이로부터 시작된다고 해도 과언이 아니다. 소프트웨어에 대한 가치를 매우 낮게 보고 있으니, 이쪽 업계로 진출하고자 하는 인력 역시 줄어드는 상황이다. 앞으로 다시 6년 후에는 어떻게 달라져 있을까?

얼마 전 서울 디지털산업단지 내에서 진풍경이 있었다. 벤처기업들이 소프트웨어를 불법으로 복제해 사용하다 적발된 것이다. 이들은 설계 프로그램 '프로엔지니어 와일드파이어' '한글' 등을 불법으로 사용했다. 최근엔 소프트웨어 불법복제의 주범이 공공기관이라는 기사도 나왔다. 소프트웨어 저작권 침해 문제로 분쟁조정을 신청했는데, 대부분이 공공기관이었다. 2012년 8월 말 기준, 총 21건 중 16건이 공공기관을 조정대상으로 한 것이었다.

온갖 열정을 쏟아 만든 자신의 소프트웨어가 손쉽게 불법유통되는 상황. 그것도 관련업계와 공공영역에서 뻔히 자행되는 모습 속에서 개발자가 느끼는 허탈감은 어떠할까? 우리나라는 불법복제율 40%라는 불명예를 안고 있다. 반

소프트웨어 불법복제를 위한 캠페인 현장

면 일본의 불법복제율은 강한 규제로 인해 한국의 절반 정도에 불과하다. 미국은 불법복제에 대해 어떤 규제정책을 펼치고 있을까? 개발자로서 불법복제를 바라보는 시선은 어떠한지 박상민 연구원에게 물었다.

미국에서 폭발적으로 IT가 성장한 시기가 크게 두 번 있었습니다. 1980년대 애플과 마이크로소프트 등의 운영체제 회사에 의해 성장했고, 1990년대 말 인터넷 붐에 의해 현재의 구글, 아마존과 같은 회사들이 생겼습니다. 한국에서는 1990년대 말 미국의 영향으로 역시 폭발적인 벤처붐이 불었지만 네이버와 다음, 게임회사들 일부를 제외하고는 모두 망했습니다. 한국도 미국처럼 강한 폭발 잠재력이 있었는데, 이것이 터지지는 않았습니다. 그 이유 중 첫째가 바로 불법복제라고 생각합니다. 불법복제는 용납해서는 안 되는 범죄이자 시민들이 지켜야할 기본 윤리라고 생각합니다.

미국에서 8년 이상 살면서 한 번도 개인이든 회사든 주변에서 불법복제하는 걸 목격하지 못했습니다. 이것은 법이 무서워서라기보다 불법복제가 자신의 명예를 실추시키는(honor code) 행위라는 기본 시민의식이 있기 때문입니다. 가판대에 주인이 없다고 물건을 집어가지 않듯 누가 감시하지 않아도 소프트웨어를 복제하는 행위는 비윤리적이라는 게 사회의 기본인식입니다. 법의 역할은 사람들 행위를 하나하나 감시하는 것이 아니라 소수의 사람들이 복제를 했을 경우 이를 무섭게 응징하는 일입니다. 2009년에 MP3 음악 30곡을 P2P(peer to peer)에 공유했다가 7억 원이 넘는 벌금을 물어야했던 사례가 그 예입니다.

– 박상민 연구원의 인터뷰 답변 중에서

미국 취업 포털사이트 커리어 캐스트(Career Cast)가 2012년 선정한 유망직종은 소프트웨어 엔지니어로, 이는 2년 연속 1위였다. 미국 통계청은 '2018년 고용전망 보고서'에서 소프트웨어 엔지니어 직군이 가장 높은 임금인상률을 기록할 것이라고 발표한 바 있다. 가장 높은 임금의 직업 역시 소프트웨어 관련 직업이라고 했다. 반면 우리 현실은 어떨까? 소프트웨어 직업

Glassdoor Report: Software Engineer Base Salary Comparison	
Company	**2012 Average Base Salary**
National Average	$92,648
Amazon	$103,070
Apple	$114,413
Cisco	$101,909
eBay	$108,809
Facebook	$123,626
Google	$128,336
Hewlett-Packard	$95,567
IBM	$89,390
Intel	$92,194
Intuit	$103,284
Microsoft	$104,362
Oracle	$102,204
QUALCOMM	$98,964
Yahoo	$100,122
Zynga	$105,568
Average base salaries based on at least approximately 20 software engineer salary reports per company for 2012 (10/8/11-10/7/12).	

미국의 취업정보사이트 '글래스도어'가 조사한
2012년 미국 내 소프트웨어 엔지니어의 평균 연봉

은 야근과 밤샘이라는 인식이 여전하다. 각 대학의 소프트웨어 전공자는 점점 줄어들고 있다. 소프트웨어 엔지니어 이종국 씨는 이러한 현실을 아래와 같이 묘사했다. 그는 소프트웨어 엔지니어로서 살아남기 위해 정치적 감각과 팀플레이 구축, 멀티태스킹 능력 등을 키워야 한다고 강조했다.

한번은 2년 동안 새벽 3시까지 일하며 프로젝트를 마쳤는데 프로젝트가 끝난 다음 날, 바로 제안서 작성에 투입되어 또 새벽까지 일을 해야 했다. 제안서가 끝나는 날 나는 분명히 깨어있었는데 몸은 유령처럼 둥둥 떠다니는 기분이었다. 그게 12년 전이었지만 지금도 소프트웨어 엔지니어의 처지는 조금도 나아지지 않았다. 나는 15년 동안 소프트웨어 개발 업무에 종사하면서 후배들이 조금 더 나은 환경에서 일하게 할 방법이 없을까 생각해보았다. 그러나 상황은 점점 나빠지는 것 같다.

　　　　　　　　　－『인간, 조직, 권력 그리고 어느 SW엔지니어의 변

(인사이트, 2011) 중에서』

산업의 측면에서는 정부가 조정자 역할을 해야 한다. 그러나 인력의 측면은 공적 영역이 강하다. 고등교육 및 직업교육, 더 나아가 재교육은 공공성을 띠고 있다. 인력양성, 인력수급 및 매칭, 고용정보 및 전망, 인력통계 등의 백년지대계(百年之大計)는 소프트웨어산업의 근간이다. 필자가 대학을 졸업할 즈음, 프로그래머가 된 친구가 "새벽별 보고 출근해서 새벽별 보고 퇴

근한다"고 했던 말이 아직도 귀에 생생하다. 소프트웨어를 전공하려는 학생들이 과연 장밋빛 미래를 꿈꿀 수 있을지 걱정이다.

　컴퓨터나 소프트웨어 관련 학과에 지원하는 학생들이 적어 인력부족 현상 등 향후 여러 문제를 낳을 수 있다. 솔직히 소프트웨어 개발자로 산다는 게 즐거운 일만은 아닌 것 같다. 그만큼 소명의식도 있어야 하고 창의적인 마인드가 필수다. 반면 미국은 엔지니어나 프로그래머에 대한 대우가 좋다. 한국의 소프트웨어 인력 대란에 대한 문제점과 개발자에 대한 인식 등을 비교해서 살펴보자.

　불법복제 등의 문제로 인해 소프트웨어의 가치가 낮게 평가되는 게 문제입니다. 제가 한국에 돌아가서 취업할 경우 대기업에 간다 해도 현재 다니는 작은 스타트업의 샐러리 절반도 받지 못합니다. 제게는 소프트웨어 개발 자체가 참 즐거운 일이지만, 제 가치가 제대로 평가를 받지 않는다면 그 즐거움을 유지할 수 없을 것입니다. 소프트웨어 개발자치고 하루 8시간만 정확히 일하는 사람은 무척 드뭅니다. 미국도 마찬가지입니다. 타 직종에 비해 강도 높은 업무에도 불구하고, 여전히 미국 대학생들의 선호 직업군 최상위권이 소프트웨어 관련업입니다. 그 이유 중 하나는 타 직군보다 월등히 높은 보수 때문입니다. 그리고 구글, 페이스북과 같이 주식 상장에 의해 소위 대박의 꿈이 있다는 것이 이 분야를 흥분되게 합니다.

한국에는 미국과 같은 잉여 문화가 없습니다. 애플, 마이크로소프트, 구글 등 모든 기업을 지탱하는 핵심문화는 잉여에서 창조되는 해커 문화입니다. 좋은 보수도 중요하지만 여유 시간에 남의 코드를 살펴보고 개선시켜 보는 해커 문화가 실리콘밸리를 지탱하며 끊임없이 혁신을 만들어 냅니다. 페이스북이 상장될 때 CEO 마크 주커버그(Mark Zuckerberg)가 투자자에게 보낸 편지 제목이 'The Hacker Way'입니다.

　　　　　　　　　　　　　　　- 박상민 연구원의 인터뷰 답변 중에서

한국과 미국의 소프트웨어 개발자로 살아오면서 문화적으로 가장 많은 차이점을 느낀 부분은 무엇일까? 박상민 연구원은 자신의 블로그에서 '실패와 버그'에 관대하며, 오히려 이를 토대로 창의성을 발휘하는 게 미국문화라고 표현했다. 호불호를 떠나 문화적 차이에서 기인하는 게 많을 것이라 생각된다. 또 박상민 연구원은 "잉여의 가치를 인정하고, 쓸데없거나 가치 없어 보이는 일이라도 즐거워서 하게끔 하는 문화. 그 문화의 힘이 제대로 발휘된 것이 소프트웨어 산업"이라며 "경제성의 관점에서, 즉 정부나 기업에서 돈이 되기 때문에 투자하는 소프트웨어산업과는 기본 역량(Fundamental)이 다르다는 점"이라고 설명했다. 애플이나 구글이 망할 수는 있지만, 그 다음 세대의 서비스나 어플리케이션 역시 실리콘밸리에서 나올 것이라는 뜻이다. 왜냐하면 잉여와 해커의 문화는 다른 곳에서 찾을 수 없기 때문이다.

소프트웨어산업 일자리 창출과 관련한 포럼 현장

우리나라 소프트웨어 업계에서는 대형 프로젝트가 한 번 실패하면 두 번 다시 일어설 수 없다는 게 정설이다. 반면 실리콘밸리는 끊임없이 일어설 수 있는 곳이다. 서울대 융합과학기술대학원 안철수 원장은 "실리콘밸리의 본질은 성공의 요람이 아니라 실패의 요람"이라며 "실패한 기업이나 기업주가 도덕적으로 문제가 없고, 열심히 성실하게 일했는데도 실패했다면 그 사람에게 재도전의 기회를 주는 게 실리콘밸리의 미덕"이라고 강조한 바 있다. 물론 실리콘밸리에서 성공하는 기업은 극소수에 불과하다.

언제부터인가 소프트웨어 산업을 '4D'라고 부르는 일이 공공연해졌다. 3D(Dirty, Difficult, Dangerous, 더럽고 힘들고 위험한)에 '꿈이 없는(Dreamless)'이 하나 더 추가됐다. 꿈이 없는 산업. 그게 바로 현재 우리의 모습이다. 경제적 관점에서 적절한 보상이 있으면 사람이 모일 것이다. 그게 아니라면 문화적 측면에서 자아를 실현할 수 있거나 비전이 있어야 한다. 즉 꿈을 향한 '4D(For a dream)'의 소프트웨어가 되는 것이다. 물론 둘 다 가능하다면 금상첨화다. 대한민국 개발자들이 "나는 소프트웨어 기술자다"라고 당당하게 말할 수 있는 그날이 속히 오길 바란다. 소프트웨어를 사랑해서 현재까지 관련 일을 하고 있는 수많은 개발자들. 그들과 같은 입장에서 여전히 '월화수목금금금' 일하고 있는 수많은 한국 기술자들에게 박상민 연구원은 다음과 같은 말을 남겼다.

한국의 힘든 개발 현실을 듣고 있노라면 마음이 많이 안타깝습니다. 가장 힘든 점은 현재의 적은 보수가 아니라 미래의 '비전'이 없다는 사실입니다. 저를 포함해 많은 미국의 개발자들도 업무환경이 월등히 낫거나 하진 않습니다. 하루 10시간 일하는 것이 다반사입니다. 그럼에도 즐거운 것은 능력이 쌓이는 만큼 더 나은 미래가 있다는 기대감 때문입니다. 대기업에서는 경력이 쌓이면 높은 보수를 받을 수 있는 기대감이 있고, 저와 같은 스타트업에선 잘 되면 대박이 있을 수도 있다는 꿈이 밤늦게까지 코딩(coding)하게 합니다.

10~20대의 젊은 개발자들이 꿈을 계속 간직하고 실력을 키워서 대기업과 규제에 막혀있는 한국 IT산업을 갈아 엎어버리기 바랍니다. 1990년대의 벤처붐은 크게 보면 실패했지만, 저와 같이 여전히 꿈꾸는 개발자를 낳았습니다. 클라우드, SNS, 모바일 서비스 등 여건은 꾸준히 조성되고 있다고 생각합니다. 우리 모두 계속 꿈꾸었으면 좋겠습니다.

– 박상민 연구원의 인터뷰 답변 중에서

우리도 소프트웨어에 대한 가치제고로 고급인력을 유인할 수 있다. 제값 주기, 불법복제 근절 등이 그에 대한 해답이다.

소프트웨어산업의 근간은 '사람'이다. 인력 관련 정책은 공공성을 띤다. 즐거운 개발 문화가 창의적 소프트웨어를 만들어 낸다. 특히 실패에 대한 관용이 필요하다. 그럴 때에야 비로소 4D(Dreamless)의 소프트웨어는 '4D(For a Dream)'의 소프트웨어가 될 수 있다.

참고문헌

김익환, 『글로벌 소프트웨어를 꿈꾸다』, 한빛미디어, 2010.

김정남, 『닌텐도처럼 창조한다는 것』, 북섬, 2010.

김정남, 『IT 삼국지 : 애플, 구글, MS의 천하 삼분지계』, e비즈북스, 2010.

김대수, 『컴퓨터 개론』, 생능출판, 2011.

김대원, 『애플 쇼크』, 더난출판, 2010.

마크 펜, 키니 잴리슨, 안진환 역, 『마이크로트렌드』, 해냄, 2008.

마틴 데이비스, 박정일 외 역, 『수학자 컴퓨터를 만들다』, 지식의풍경, 2005.

백종현, 『철학의 주요 개념 1·2』, 서울대철학사상연구소, 2004.

정재승, 진중권 지음, 『크로스』, 웅진지식하우스, 2009.

안철수, 『안철수의 생각』, 김영사, 2012.

이종국, 『인간, 조직, 권력 그리고 어느 SW엔지니어의 변』, 인사이트, 2011.

이중원 외, 『필로테크놀로지를 말한다』, 해나무, 2008.

채드 파울러, 송우일 역, 『프로그래머, 열정을 말하다』, 인사이트, 2012.

「경제사회 발전을 이끄는 IT생태계 전략」, NIA, 2011.

「미래인터넷 산업 생태계 분석」, KISDI, 2011.

「스마트 클라우드 컴퓨팅 시대의 IT정책지원체계」, 한국행정학회, 2012.

「IT·SW 중소기업 및 수요기관 초청 간담회」, 조달청, 2012.

「SW 문화 및 인식제고 방안연구」, NIPA, 2012.

「과학동아」, 2011년 2, 3, 6, 7, 11월호, 2012년 6, 9월호.

「기술과 미래」, vol 1., 2012.

웹사이트 및 도움주신 분

SW가 세상을 바꾼다 http://www.liveto.com/nipa/20110818/list.html
〈네이버 지식백과〉 http://terms.naver.com/
〈네이버 캐스트〉 http://navercast.naver.com/
〈디지털타임스〉 http://www.dt.co.kr/
〈매일경제〉 http://www.mk.co.kr/
〈베타뉴스〉 http://www.betanews.net/
〈블로터닷넷〉 http://www.bloter.net/
〈서울경제〉 http://economy.hankooki.com/
〈사이언스타임즈〉 http://www.sciencetimes.co.kr/
〈시사IN〉 http://www.sisainlive.com/
〈오마이뉴스〉 http://www.ohmynews.com/
〈위키피디아〉 http://www.wikipedia.org/
〈전자신문〉 http://www.etnews.com/
〈주간경향〉 http://weekly.khan.co.kr/
〈한겨레〉 http://www.hani.co.kr/
〈한겨레21〉 http://h21.hani.co.kr/
〈BBC〉 http://www.bbc.co.uk/
〈IT 지식포털〉 http://www.itfind.or.kr/itfind/main.htm
〈IT동아〉 http://it.donga.com/
〈KBS〉 http://www.kbs.co.kr/
〈ZD넷〉 http://www.zdnet.co.kr/

＊미국 클라우드 전문업체 유칼립투스(Eucalyptus) 박상민 연구원(http://sangminpark.wordpress.com)은 IT거버넌스, 클라우드법 제정, 동반성장, 불법복제, 기업문화, 인력양성 등의 측면에서 인터뷰에 응해주셨습니다. 감사의 말씀을 전합니다.
＊SK컴즈 김상호 팀장은 디도스, 웹브라우저, 포털사이트 관련해 아이디어를 빌려주셨습니다. 감사합니다.

소프트웨어가 세상을 지배한다

펴낸날 초판 1쇄 2012년 11월 28일

지은이 **김재호**
펴낸이 **심만수**
펴낸곳 **(주)살림출판사**
출판등록 1989년 11월 1일 제9-210호

경기도 파주시 문발동 522-1
전화 031)955-1350   팩스 031)955-1355
기획·편집 031)955-4662
http://www.sallimbooks.com
book@sallimbooks.com

ISBN 978-89-522-2228-2 04080

책임편집 **최진**